*백범일지*로 술술 읽어 보는
우리 근현대사

일러두기
이 책에 인용된 《백범일지》 본문은 《어린이와 청소년이 함께 읽는 백범일지》 (나남, 신경림 풀어씀), 《쉽게 읽는 백범일지》 (돌베개, 도진순 역) 등을 참고하여 어린이들이 읽기 쉽도록 현대의 어법에 맞게 수정한 것입니다.
서술형 어미는 현대 어법에 맞게 '~습니다.' 체를 사용했습니다.

 로 술술 읽어 보는

우리 근현대사

글 김효중 그림 구서보

그린·북

지은이의 말

왜 《백범일지》인가?

우리나라 역사에서 근현대는 나라 안팎으로 매우 혼란스러웠어요. 급격한 변화와 개혁을 요구하는 시대적 배경 속에서 근대화가 이루어진 시기였거든요. 강화도 조약, 임오군란, 갑신정변, 동학 농민 운동, 갑오개혁 등은 그 과정에서 발생한 역사적 사건들이에요. 그 사건들이 남긴 흔적과 부산물들은 오늘날까지 영향을 미치고 있지요. 따라서 오늘날 발생하는 사건들을 잘 이해하기 위해서는 100~200여 년 전의 역사를 잘 살펴볼 필요가 있어요.

근현대의 역사 속에서 쓰여진 중요한 기록물은 많이 있답니다. 그런데 그중에서 왜 《백범일지》로 근현대사를 공부하는 것이 좋을까요?

우선, 《백범일지》에 나타난 김구 선생의 활동을 통해 근현대사의 주요 사건들을 두루 학습할 수 있기 때문이에요. 《백범일지》는 김구 선생이 직접 자신의 성장 과정과 어른이 되어서 활동한 항일 독립운동 이야기를 생생하게 쓴 책이에요. 이야기의 첫머리는 김구 선생이 태어난 사실부터 시작되고 있어요. 그때가 마침 강화도 조약이 체결된 해였어요. 이 일은 흥선 대원군의 쇄국 정책을 뒤집고 개항하는 계기가 되었고, 우리나라 근대 역사의 시작을 알리는 신호탄이 되었지요. 이처럼 김구 선생의 일생이 우리나라 근대의 역사와 함께 시작되었기 때문에 《백범일지》의 내용을 살펴보면 김구 선생이 우리나라 근현대의 굵직한 사건들을 직접 겪었음을 알 수 있답니다.

둘째, 《백범일지》는 김구 선생 자신이 겪은 일을 이야기처럼 생생하게 기록하여 역사적 상황을 쉽게 이해할 수 있어요. 《백범일지》에서 김구 선생은 자신의 생각이나 감정의 변화를 솔직하게 적음으로써 교과서나 다른 역사책에서는 느낄 수 없는 재미와 생생함을 느낄 수 있답니다. 역사책을 읽는다는 느낌보다는 재미있는 소설책을 읽을 때의 느낌을 갖게 하지요. 읽다 보면 여러분의 상상력을 자극하여 자신이 사건 발생 현장에 있는 느낌이 들 때도 있답니다.

셋째, 《백범일지》에는 김구 선생의 출생부터 이후의 일들이 시간순으로 적혀 있어 역사의 흐름을 이해하는 데 큰 도움이 된답니다. 할아버지, 할머니로부터 옛날이야기를 들어 본 적이 있을 거예요. 주로 "할아버지가 태어났을 때는……"이나 "할머니가 자랄 때는……"으로 시작하는 이야기들이지요. 이렇게 그분들이 살아온 이야기를 듣다 보면 당시의 사회적인 흐름도 자연스럽게 이해할 수 있어요. 예를 들어서 할아버지가 일제 강점기가 끝나갈 무렵에 태어났다면 조금 자라서 6·25 한국 전쟁을 겪었을 것이고, 일제 강점기가 한국 전쟁보다 앞서 일어난 사실임을 알 수 있어요. 이 책을 읽는 동안 만큼은 김구 선생을 잠시 여러분의 할아버지로 여기고 읽어 보세요. 우리나라 근현대사의 흐름을 한번에 정리할 수 있답니다.

《백범일지》를 통해 근현대사를 공부하면 좋은 이유를 이제 알겠지요?

그럼 지금부터 함께 《백범일지》를 통해 근현대의 역사를 들여다보아요. 어려움과 아픈 상처도 많았지만, 힘든 시기를 극복하고 지금은 자랑스러운 생채기로 기억할 수 있게 한 할아버지, 할머니들의 이야기가 여러분을 기다리고 있답니다.

> 근현대사를 이끈 사람이 김구 선생만 있었던 것은 아니랍니다. 여러 분야에서 민족을 위해 큰일을 한 사람들이 많았으며, 비록 이름을 남기진 않았지만 자신의 분야에서 최선을 다한 수많은 할아버지, 할머니가 있었음을 꼭 기억하세요.

2011년 10월 김효중

차 례

지은이의 말 · 8

《백범일지》를 펼치기 전에 · · · · · · · · · · · · · 12

제1장 김구 선생은 개구쟁이 · · · · · · · · · · · · 18

제2장 아기 접주 김구 · · · · · · · · · · · · · · · · · 32

제3장 치하포에서 일본인을 죽인 이유 · · · · · · 50

제4장 감옥에서 〈독립신문〉을 읽다 · · · · · · · · 60

제5장 나라를 빼앗기고 · · · · · · · · · · · · · · · · 74

제6장 학교를 세우다 · · · · · · · · · · · · · · · · · 86

제7장 105인 사건으로 다시 투옥되다 · · · · · · · · · · · · · · 100

제8장 임시 정부의 문지기라도 할 수 있다면 · · · · · · · · · 112

제9장 한인 애국단을 꾸려 윤봉길을 파견하다 · · · · · · · · 126

제10장 기다리던 광복, 그러나 기뻐할 수 없었다 · · · · · · · · 138

제11장 나의 소원은 완전한 자주 독립이오! · · · · · · · · · · 150

제12장 끝내 이루어지지 못한 소원 · · · · · · · · · · · · · · · 164

《백범일지》를 덮으며 · 178

부록 : 역사의 현장 속으로 · · · · · · · · · · · · · · · · · · · 182

《백범일지》를 펼치기 전에

　《백범일지》에 기록된 김구 선생의 삶을 통해 근현대사 이야기를 시작해 볼까요? 그럼 다같이 지금으로부터 140여 년 전인 1870년대로 시간을 거슬러 가 보아요. 이 책에서 다룰 역사 이야기는 김구 선생이 태어나기 전인 1870년대 초반부터 김구 선생이 세상을 떠난 1949년까지 약 80년간 있었던 사건들에 관한 것이에요. 그 기간에 일어난 사건들을 나열해 보면 절망의 순간들과 감격과 기쁨으로 가슴 벅찼던 순간들이 서로 교차하고 있어요. 이제 그 흥미진진한 역사의 현장으로 함께 떠나 보아요.
　참, 역사 여행을 할 때는 옛 시간과 공간에 맞는 차림새와 몸가짐을 가져야 한답니다. 실제로 그렇게 할 수는 없지만 상상력을 충분히 발휘한다면 가능하지요. 그래야만 더 생생하게 역사적 사건들을 느끼고 이해할 수 있거든요. 여러분들이 가진 달력과 시계를 거꾸로 돌려 1870년대 초반으로 맞추세요. 그럼, 출발-!

서양 세력이 침략해 오다!

"쾅, 쿠쾅!"

"적군의 포탄 공격이다!"

"물러서지 말고 끝까지 싸워라!"

어이쿠, 과거에 도착하자마자 치열한 전투가 벌어지고 있는 곳으로 왔군요. 지금 조선군과 미군의 전투가 한창이에요. 조금 전에 거꾸로 돌려 맞춘 시계를 보세요. 1871년 6월 11일, 낮 시간이에요. 그렇다면 이곳은 신미양요 당시 조선군이 미군과 격렬하게 싸웠던 강화도 광성보군요. 김구 선생이 이 전투에 참여했던 것일까요? 아니에요. 1871년이면 김구 선생이 태어나기 5년 전이에요. 이곳으로

여기는 1871년 6월 11일, 강화도의 광성보예요. 신미양요의 현장이랍니다.

여러분을 데려온 것은 근대의 역사를 이야기하기 전에 그 당시의 상황이 어땠는지 먼저 알려 주기 위해서예요.

여러분이 지금 목격하고 있는 전투는 신미양요예요. 미군이 5년 전, 그러니까 1866년에 있었던 제너럴 셔먼 호 사건을 빌미로 공격해 온 일이에요. 대동강을 거슬러 평양 부근까지 와서 통상을 요구하던 미국 상선 제너럴 셔먼 호를 평양 군민들이 불태워 격침시켰던 사건이었어요. 우리가 아무런 이유 없이 미국 배를 격침시키지는 않았겠지요? 그 배의 선원들은 평양 감사 박규수가 중앙 정부의 쇄국 정책에 따라 통상을 거절하자 배에서 내려 횡포를 부렸답니다. 민가를 약탈하고 심지어 조선인들을 잡아 가두기도 했어요. 이에 평양의 백성들과 군인들이 분노하여 배에 불을 질러 침몰시킨 거예요. 하지만 미국은 오히려 조선에게 그 책임을 물어 5년이 지난 1871년에 강화도로 쳐들어온 것이지요.

서양 국가가 이렇게 침략해 온 일은 제너럴 셔먼 호 사건이 일어난 해 가을에

2011년 5월 27일자 〈조선일보〉에 실린 의궤 반환 기사

145년 만에 돌아온 외규장각 의궤

프랑스 정부는 1866년 병인양요 때 강화도 외규장각에서 약탈해 간 의궤를 포함한 297책을 2011년 5월 27일까지 임대 형식으로 모두 반환했어요. 프랑스의 사르코지 대통령이 2010년 G20 서울 정상 회의 때 합의했던 내용에 따른 조치였지요. 5년마다 임대 계약을 체결해야 하는 절차가 있긴 하지만, 145년 만에 다시 찾아왔다는 사실에 의미를 부여할 수 있어요. 이 의궤는 현재 국립 중앙 박물관에 보관 중이랍니다.

외규장각은 현재 강화도에 복원되어 있고, 약탈당한 의궤는 프랑스 정부가 임대 형식으로 돌려주었답니다.

도 있었답니다. 천주교를 박해하고 자기 나라의 선교사를 처형한 것을 빌미로 프랑스가 함대를 보냈지요. 바로 1866년에 일어난 병인양요랍니다. 그때 침략한 프랑스 군인들은 강화도의 외규장각을 불태우고 그곳에 보관 중이던 어람용 의궤 등 가치가 높은 수백 점의 서적을 약탈해 갔어요.

그런데, 이 시기에 왜 이렇게 서양 국가들의 침략이 잦았을까요?

산업 혁명을 거친 서양 국가들은 공장에서 기계로 대량 생산한 상품을 팔 수 있고, 생산에 필요한 원료를 값싸게 구할 수 있는 식민지가 필요했어요. 그래서 산업화가 더디게 진행되고 있던 아시아, 아프리카 대륙의 여러 나라들을 대포로 위협하며 통상과 개항을 요구했던 거예요. 이러한 국가들을 제국주의 국가라고 한답니다. 각각 병인양요와 신미양요를 일으킨 프랑스와 미국도 그 국가들 중의 하나였어요.

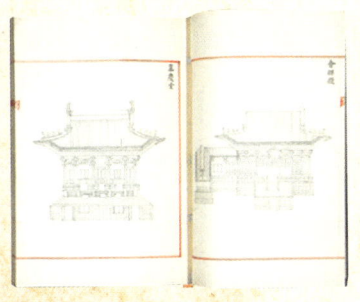

《존숭도감의궤》 표지와 내용
조선 시대의 왕, 왕후, 왕대비, 대왕대비 등에게 존호를 올릴 때 필요한 의식과 절차 등을 기록한 책이에요.

강화도의 외규장각
외규장각 건물은 병인양요 때 프랑스 군인들이 불태워 사라졌어요. 지금의 건물은 2003년에 복원된 것이에요.

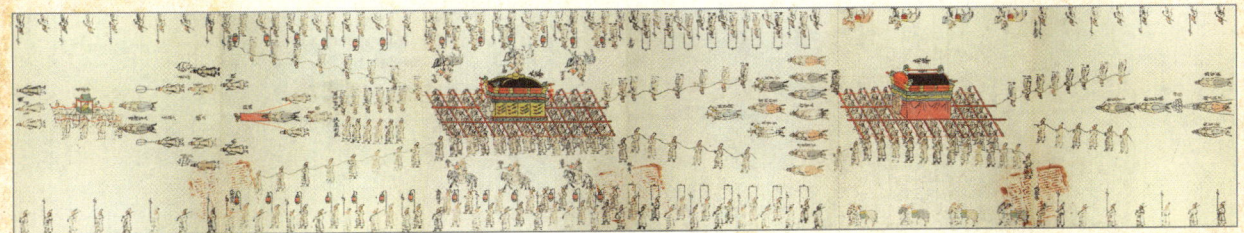

《정조국장도감의궤》
의궤는 조선 시대 의식의 진행 과정을 글과 그림으로 상세하게 정리해 놓은 책이에요. 의궤 가운데 외규장각에 보관돼 있던 것은 대부분 왕이 보도록 만든 어람용이라 아주 고급스러워요.

개항에 반대한 흥선 대원군, 일본에 항구를 열어 준 고종

당시 조선의 왕은 고종이었어요. 하지만 실제 통치 권력은 어린 나이에 왕이 된 고종 대신에 아버지인 흥선 대원군이 쥐고 있었어요. 흥선 대원군은 1863년부터 집권한 10년 동안 제국주의 국가들의 통상 요구를 거절하며 항구를 열지 않겠다는 쇄국 정책을 고수했답니다. 특히 병인양요와 신미양요를 겪은 뒤에는 전국에 척화비를 세워 서양 국가와의 화친*이나 통상을 거부한다는 의지를 강하게 밝혔지요.

한편 일본은 조선보다 앞서 1854년에 외국에 문을 열었어요. 일본 역시 자발적으로 개항한 것이 아니라 미국이 함포를 앞세우고 위협하자 할 수 없이 굴복했던 것이지요. 그렇게 개항한 일본은 조선에 개항을 요구해 왔어요. 하지만 흥선 대원군은 일본의 개항 요구에 대해서도 서양 제국주의 국가들에게 했던 것과 마찬가지로 거절했어요. 이러한 흥선 대원군의 정책에 대해 조선의 지식인들은 찬성과 반대로 의

모양이 다른 배, 이양선

서양인들이 타고 온 증기선의 모양이 우리가 사용하던 배와 달랐기 때문에 '이양선(異樣船)'이라 불렀어요. 높이 솟은 굴뚝에서 연기를 시커멓게 내뿜으며 해안으로 접근해 오는 증기선의 모습에 우리 할아버지 할머니들은 신기해하면서도 괴물을 본 듯 두려워했어요. 우리나라에 처음으로 들어온 증기선은 1882년 순종의 세자 관례식(일종의 성인식) 때 일본이 축하 선물로 보낸 것이었답니다. 조선왕조실록의 기록에 의하면 이양선은 18세기 영조 때부터 나타났고, 19세기에 들어와 그 출몰이 잦아졌음을 알 수 있어요.

이해 여름, 가을 이래로 이양선이 경상, 전라, 황해, 강원, 함경 다섯 도의 대양 가운데에 출몰하는데, 혹 널리 퍼져서 추적할 수 없었다. 혹 뭍에 내려 물을 길기도 하고, 고래를 잡아 양식으로 삼기도 하는데, 그 수가 셀 수 없이 많았다.
[《헌종실록》 헌종 14년 12월 29일]

이양선

견이 나뉘었지요. 흥선 대원군의 쇄국 정책에 찬성한 세력은 보수적인 위정척사파, 그에 반대하며 개항을 요구한 세력은 진보적인 개화파였지요. 두 세력이 당시의 상황을 놓고 서로 다른 입장을 보이며 대립한 가운데, 흥선 대원군이 집권하고 있을 때는 위정척사파가 힘을 얻었답니다.

하지만 흥선 대원군은 1873년 여러 개혁 정책에 대한 반발에 부딪쳐 결국 물러나고 말았어요. 그 뒤 고종이 정치 전면에 나서자 점차 개화파의 목소리가 커지기 시작했어요. 그로부터 3년이 지난 1876년 조선은 일본과 강화도 조약을 맺어 항구를 개방하였어요. 이로써 흥선 대원군이 오랫동안 유지해 온 외교 정책은 물거품이 되었고, 제국주의 국가들의 침략은 점차 속도를 내기 시작했지요.

흥선 대원군이 백성들에게 서양 세력에 대한 경계심을 심어 주려고 전국 곳곳에 세운 척화비예요.

이렇게 급변하는 정세 속에서 우리나라 근대의 역사가 본격적으로 시작되었어요. 김구 선생이 태어난 것도 바로 그 시기였어요. 김구 선생의 일생은 우리나라의 개항과 더불어 시작된 셈이지요. 《백범일지》에 적은 김구 선생의 활동 대부분이 반외세 독립운동이었던 것도 그 당시의 시대적 분위기가 반영된 것이 아닐까요?

자, 그럼 다음 장부터 《백범일지》에 나타난 김구 선생의 이야기와 함께 우리나라 근현대사 이야기를 나눠 보아요.

신미양요가 일어나기 전에는 통상을 거절당한 오페르트라는 독일 상인이 흥선 대원군의 아버지인 남연군의 묘를 도굴하려다 발각된 일도 있었어요. 이는 서양 세력을 배척하는 분위기를 더욱 고조시켰어요.

*화친 : 나라와 나라 사이에 서로 다투지 않고 가까이 지냄.

제1장 김구 선생은 개구쟁이

1866
병인박해(1-3)
제너럴 셔먼 호 사건(7)
병인양요(8-9)

1868
오페르트 도굴 사건

1871
호포제 실시
서원 철폐(3)
신미양요(4)
척화비 건립

1873
고종의 친정 선포
흥선 대원군 하야

민족의 큰 어른으로 존경받는 김구 선생의 어린 시절은 어땠을까요?
부모님 말씀 잘 듣고, 공부 잘하는, 착한 아이였을까요?
아니에요. 김구 선생도 보통 아이들처럼 말썽을 피우기도 하고
부모님의 속을 썩이기도 한 개구쟁이였어요.
김구 선생은 1876년 여름에 태어났어요. 그 해는 우리 역사의 흐름에서
빼놓을 수 없는 중요한 해였어요. 2월에 일본과 강화도 조약이 체결되면서
개화의 바람이 본격적으로 불기 시작했거든요. 김구 선생의 출생과 함께
우리나라 개항의 역사가 시작된 것이지요.
그럼 김구 선생의 어린 시절은 어떠했으며, 그때 우리나라에는 어떤 일이
일어났는지 알아볼까요?

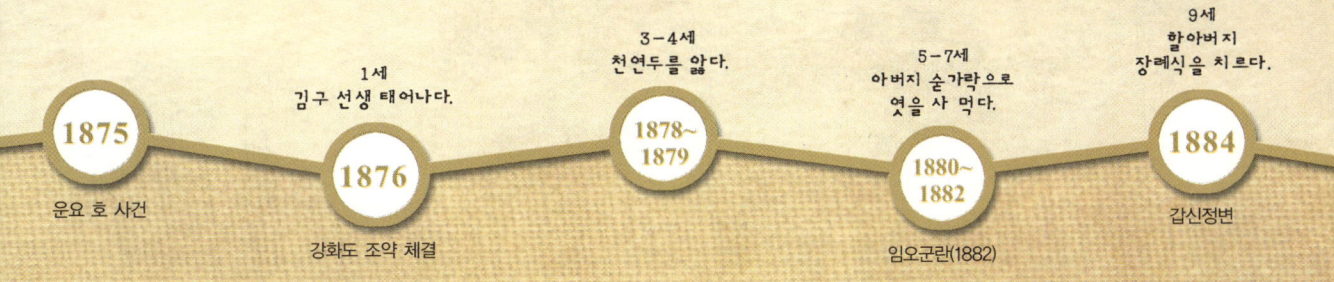

백범일지 들여다보기

1876~1882년

나는 할아버지와 큰아버지가 살던 텃골의 웅덩이가 큰 집에서 태어났습니다. 어머니께서는 나를 매우 힘들게 낳았다고 합니다. 진통이 시작된 지 거의 일주일 만에 내가 태어났으니까요. 그것도 아주 한밤중에 말입니다. 당시 겨우 열일곱 살이었던 어머니께서는 그리 넉넉하지 못한 살림에 시달려 항상 내가 죽었으면 좋겠다고 한탄하시곤 했습니다. 젖이 부족해서 암죽*을 끓여 먹일 때가 많았다고 합니다. 정 먹일 게 없을 때는 아버지가 나를 품고 이웃 산모에게 가서 젖을 얻어 먹이기도 했습니다. 그때 먼 친척 할머니인 핏개댁은 밤늦은 시각에 찾아가도 싫어하는 표정 없이 내게 젖을 물려 주었다고 합니다.

어렸을 때 나는 개구쟁이였습니다. 어느 날, 집 앞으로 엿장수가 지나갔습니다.

"헌 그릇이나 부러진 숟갈 있으면 가져 오시오. 엿과 바꿔 드립니다."

엿장수는 이렇게 외쳤습니다. 나는 엿이 먹고 싶었지만 "엿장수는 아이들 ∞ 베어 간다."는 어른들의 말씀이 떠올라 겁이 났습니다. 그래서 방문을 꽁꽁 걸어 놓고 엿장수를 불렀습니다.

그러고는 창호지에 구멍을 뚫고 아버지가 쓰던 좋은 숟가락을 부러뜨려 절반만 구멍으로 내밀었습니다. 숟가락을 받아 든 엿장수는 엿을 한 덩이 뭉쳐서 들이밀었습니다. 엿을 받아 든 나는 아주 맛있게 먹었습니다. 그날 저녁, 집에 돌아온 아버지는 반만 남은 숟가락을 보았습니다. 나는 아버지에게 낮에 있었던 일을 사실대로 말했습니다. 그러자 아버지는 다행히도 다시는 그런 짓을 하면 엄벌하겠다고 꾸중만 하셨습니다.

     그 뒤, 어느 날이었습니다. 나는 아버지가 엽전 스무 냥을 방 아랫목 이부자리 속에 넣어 두고 나가는 것을 보았습니다. 혼자 심심하던 차에 앞 동네 구걸이 집에서 떡을 파는 것이 떠올랐습니다. 나는 돈을 전부 꺼내 들고 떡집으로 향했습니다. 그런데 가는 길에 삼종조부*를 만났습니다.

     "이 녀석, 돈 가지고 어디 가느냐?"

     "떡 사 먹으러 가요."

     "네 아비가 보면 큰 매 맞는다. 어서 집으로 돌아가거라."

     삼종조부는 내게서 돈을 빼앗아 아버지에게 갖다 주었습니다. 집에 돌아가자, 아버지는 한 마디 말씀도 없이 빨랫줄로 나를 꽁꽁 동여맨 뒤 들보에 매고는 매질을 했습니다. 어머니도 들에서 안 돌아오신 때라 집에는 아버지를 말려 줄 사람이 아무도 없었습니다. 나는 아파서 울며 소리를 질렀습니다. 그때 마침 나를 귀여워하시던 장련 재종조부*가 비명을 듣고 뛰어 왔습니다. 장련 재종조부는 아버지와 동갑이었지만 손윗사람의 권위로 나를 풀어 주었습니다.

     "어린 것을 어찌 그렇게 무지막지하게 때리느냐?"

     재종조부는 아버지의 설명을 다 듣지도 않으시고, 아버지를 꾸중하시며 매를 빼앗아 한참 동안 아버지를 때리셨습니다. 나는 재종조부가 무척 고마웠고, 아버지가 매를 맞는 것도 퍽 고소했습니다. 재종조부는 나를 업고 들판으로 나가 수박과 참외를 실컷 사 먹인 다음 재종조부 댁으로 데리고 갔습니다.

*암죽 : 곡식 가루를 밥물에 타서 묽게 끓인 것.
*삼종조부 : 할아버지의 육촌 형제.
*재종조부 : 할아버지의 사촌 형제.

> 1876 강화도 조약

불평등 조약을 체결하다

김구 선생이 태어난 1876년을 전후해서 아주 중요한 사건이 발생했어요. 바로 운요 호 사건과 강화도 조약이에요. 이 두 사건은 우리 민족의 근대 역사에 큰 변화를 가져왔지요. 김구 선생이 성장하면서 겪었던 많은 일들의 씨앗이라고도 볼 수 있어요. 운요 호 사건과 강화도 조약 체결 장소인 강화도는 김구 선생의 고향인 황해도 해주와 멀지 않은 곳이에요.

"쿵, 쿠쿵, 쾅!"

김구 선생이 태어나기 바로 전 해인 1875년 8월이었어요. 강화도 초지진 곳곳에 일본 군함에서 쏘아댄 포탄이 날아와 터졌어요.

해주와 강화도 주변 지도

운요 호 사건이 일어난 강화도 초지진

내가 태어난 해주와 운요 호 사건 현장인 강화도는 그리 멀지 않습니다.

나, 김구! 1875년이면 아직 태어나기도 전이지만 깜짝 등장!

일본군은 포를 쏴서 쑥대밭으로 만들고는 곧 강화도 근처의 영종도에 상륙하여 마을에 불을 지르고 사람들을 죽였어요. 얼마 전 일본 배가 아무런 통보 없이 해안으로 접근해 왔을 때 포를 쏘았는데, 아마도 그 보복인 듯해요. 지난봄에 동해안을 따라 영흥만까지 갔던 일본 군함이 여름이 되자 다시 서해안의 강화도로 온 거예요.

그 일본 군함의 이름이 바로 운요 호였어요. 지금도 강화도 초지진에 가면 오래된 소나무 줄기나 성벽에 일본군이 쏜 포탄 자국이 선명하게 남아 있어요. 미국에게 강제로 개항을 당한 일본은 조선을 개항시키기 위한 계략을 꾸몄어요. 미국이 자신들에게 사용했던 무력적인 방법을 그대로 조선에 적용시키려는 속셈이었지요.

일본은 그 이듬해(1876년) 1월, 운요 호 사건을 구실로 **전권대신***을 파견해 협상을 강요했어요. 전권대신은 6척의 군함을 이끌고 와

초지진의 성벽
운요 호 사건 때 맞은 포탄 자국이 남아 있어요.

전권대신
나라를 대표하는 권한을 위임받아 파견하는 외교 사절이에요.

전하, 일본은 서양과 같은 존재입니다!

병인양요와 신미양요를 겪었던 백성들과 선비들 중에는 강화도 조약을 반대한 이들이 많았어요. 특히 선비 중에 최익현은 궁궐 앞에서 도끼를 곁에 두고 엎드려 개항 반대 상소를 올린 것으로 유명해요. 같은 동양의 나라라는 이유로 방심하여 일본과 개항을 위한 조약을 체결한다면 병인양요와 신미양요 같은 일을 겪을 것이라 생각했던 것이지요. 도끼를 곁에 둔 것은 자신의 강한 의지를 표현하기 위한 것이에요.

강화도 조약을 체결하는 조선과 일본

서 강화도의 갑곶진에 상륙했지요. 조선의 조정에서는 찬반 논란이 있었지만 하는 수 없이 신헌을 파견해 협상에 응했답니다. 그렇게 맺은 조약이 바로 강화도 조약이에요. 조약문에는 '조일수호조규*'라고 되어 있지요.

당시 조선은 흥선 대원군이 물러나고 고종이 직접 나랏일을 돌보겠다고 선포한 때였어요. 그때 조정에서는 개항과 개화를 추진하고자 하는 움직임이 있었기 때문에 많은 반대 여론에도 불구하고 일본과 조약을 체결한 것이지요.

강화도 조약은 외국과 체결한 우리나라 최초의 근대 조약이에요. 조약은 모두 12조로 구성되었는데, 일본에게 절대적으로 유리한 불평등 조약이었어요. 조선에서도 몇 개 조항을 포함시킬 것을 요청했지만 결국 무산되고 일본에게 유리하게 조약이 체결되었어요. 그럼 어떤 조항이 어떻게 불평등하게 체결된 것일까요?

조일수호조규
조선과 일본이 서로 좋게 되기 위하여 지켜야 할 약속이란 뜻이에요.

1882 임오군란

구식 군대와 가난한 사람들이 일어나다

수신사
과거 조선에서 일본에 파견한 통신사는 일본에 문물을 전해 주었으나 강화도 조약 이후 일본에 파견한 수신사는 문물을 배워 왔어요.

강화도 조약이 체결된 뒤 정부에서는 개화 정책을 본격적으로 실시했어요. 수신사*를 일본에 파견하여 문물을 배워 오게 하였고, 개화 정책을 담당할 기구인 통리기무아문을 만들었어요. 또 영선사를 청에 파견하여 무기 제조 기술을 배워 오게 했지요.

이런 개화의 중심에는 고종과 명성 황후 세력을 비롯한 개화파가 있었어요. 반면 개화 정책에 반대하던 이들도 있었어요. 바로 위정척사파였지요. 그들은 성리학적인 전통 외에는 모두 사이비로 규정하여 배척했어요. 양측의 대립은 피할 수 없었지요.

별기군이라는 신식 군대도 창설되었어요. 그런데 별기군에 감정이 좋지 않은 사람들이 있었어요. 기존의 구식 군인들이었지요. 별기군에 대한 지원이 많아지다 보니, 구식 군대들에 대한 지원이 상대적으로 줄었거든요. 심지어 급료도 제대로 받지 못했어요.

그러던 어느 날, 밀렸던 급료가 쌀로 지급되었어요. 구식 군인들은 흰쌀이 가득하리라 생각하며 쌀자루를 열었는데, 쌀에는 온통 모래와 겨가 섞여 있었어요. 게다가 양도 한참 모자랐어요. 그동안 차별 대우를 묵묵히 참고 견디던 구식 군인들이 더는 참을 수 없다며 개항 이후 어렵게 생활해 오던 도시의 가난한 사람들과 함께 들고일어났어요. 이 사건이 '임오군란'이에요. 구식 군인들은 개화 정책을 추진하던 정부의 고위 관리들을 습격하고, 일본 공사관을 불태웠지요. 그리고 흥선 대원군을 앞장세워 궁궐에 들어갔어요. 이때 민씨 세력*의 핵심 인물인 명성 황후는 충주까지 피신했답니다.

민씨 세력은 사태가 악화되자 청에 지원을 요청했어요. 강화도 조약 이후 조선에서 주도권을 잡으려고 호시탐탐 기회를 노리고 있던 청은 군대를 이끌고 즉시 조선으로 들어와 군란을 진압하였지요. 그러고는 책임을 묻는다는 명분으로 흥선 대원군을 청나라로 데려갔어요. 그러자 민씨 세력이 다시 정권을 잡았답니다. 그런데 문제가 하나 생겼어요. 임오군란을 진압한 청이 군대를 철수시키지 않고 조선의 정치에 간섭하기 시작한 거예요. 또 조선 정부는 일본과 제물포 조약*을 체결했는데, 이를 틈타 일본군은 자신들의 공사관과 국민을 자기 나라 군대로 지켜야겠다는 구실로 조선에 군대를 파견했어요.

결국 조선은 각각 군대를 동원한 청과 일본의 대결 마당으로 점점 변해 가고 있었지요.

신식 군대인 별기군

민씨 세력
조선 말기에 명성 황후 민씨를 주축으로 한 세도 세력이에요. 고종 10년(1873)에 대원군을 몰아낸 뒤 권력을 키웠는데, 일본이 명성 황후를 시해한 후 세력이 위축되었지요.

제물포 조약
임오군란에 따른 일본 측의 피해 보상 문제를 다룬 조약이에요. 조선은 이 조약에 따라 구식 군인들이 일본 공사관을 습격해 공사관을 불태우고 일본인 교관을 죽인 것에 대한 배상금을 물어 주었어요. 또한 일본은 일본 공사관을 호위한다는 핑계로 일본군을 조선에 주둔시켰지요.

1884 갑신정변

온건 개화파와 급진 개화파가 대립하다

임오군란 이후 청은 본격적으로 조선의 내정을 간섭했어요. 그리고 이때 청의 양무운동*을 모델로 개화 정책을 추진하려 했던 온건 개화파에 반기를 든 사람들이 나타났어요. 김옥균, 박영효, 서광범, 홍영식, 서재필 등이에요. 이들은 일본의 메이지 유신*을 본보기로 개화를 추진하길 원했던 급진 개화파였지요. 정치를 이끌고 있던 온건 개화파의 개화 정책 방향은 옳지 않다고 생각을 모은 것이에요.

1884년 10월 17일, 급진 개화파는 개혁의 뜻을 이루기 위해 우정

양무운동
19세기 후반, 청나라 말기에 관료들의 주도로 이루어졌던 근대화 운동이에요. 서양의 문물을 수용해 부국강병을 이루려 하였지요.

메이지 유신
일본에서 에도 막부를 무너뜨리고 천황이 직접 통치하는 체제로 바뀐 사건으로, 근대 자본주의 개혁 운동이에요.

국을 여는 행사에 맞춰 거사를 진행하기로 했어요. 일본도 청과 민씨 세력을 쫓아내고 조선에서 주도권을 잡으려는 의도로 급진 개화파의 일을 지원하기로 약속했답니다. 게다가 청군이 베트남을 두고 프랑스와 전쟁을 치르기 위해 군대의 절반을 철수시킨 상태였고, 우정국의 책임자인 총판도 급진 개화파인 홍영식이었으니 절호의 기회였지요.

"불이야!"

우정국 근처의 한 집에 낸 불이 신호였어요. 급진 개화파는 민영익을 비롯한 민씨 세력들을 습격하고, 고종에게는 청군이 쳐들어왔다는 이유를 들어 일본군의 지원을 요청할 것을 건의해 허락을 받아냈지요. 드디어 급진 개화파가 정권을 잡았어요. 그리고 야심차게 14개조의 개혁안을 발표했죠.

하지만 3일째 되던 19일 청군이 공격을 해 왔어요. 그런데 지원을 약속한 일본군이 약속을 어기고 군대를 철수시켜 버렸어요. 결국 홍영식은 청군에게 살해되고, 김옥균, 박영효, 서광범, 서재필 등은 일본, 미국 등지로 망명을 하였어요. 갑신정변은 정권을 잡은 지 불과 3일 만에 실패로 끝나고 말았지요. 이를 두고 '3일천하'라고 한답니다.

갑신정변이 일어난 우정국
우정국은 조선 말기에 우편 사무를 맡아 보던 관청이에요.

근대 국가를 만드는 것이 우리의 목표였소.

나 서재필
(당시 나이 19세)

갑신정변의 주요 개혁안

- 청에 잡혀간 흥선 대원군을 곧 돌아오게 한다.
- 청과의 의례적 사대 관계를 폐지한다.
- 입헌 군주제적 정치 구조를 지향한다.
- 인민 평등권과 능력에 따른 인재를 등용한다.
- 지조법*을 개혁한다.
- 호조에서 재정을 일원적으로 관리하게 한다.
- 혜상공국*을 폐지하여 자유로운 상업의 발달을 꾀한다.

*지조법 : 토지와 관련하여 세금을 매기는 세금법.
*혜상공국 : 전국의 보부상을 단속하던 조선 말의 기관.

이즈음 난, 아버지 숟가락으로 엿을 바꿔 먹기도 하며 개구쟁이 시절을 보냈습니다.

나, 김구

개항장 무역
'조청 상인 수륙 무역 장정'이 정해지기 전에 행하던 무역 형태였어요. 외국 상인들은 개항장에서만 무역을 하도록 규정한 것이지요. 외국 상인들이 조선 상인들과 거래를 하기 위해서는 조선의 객주, 여각, 거간 및 보부상들과 같은 중간 상인들을 통해야만 했어요.

농민도, 상인도, 가난한 백성들도 모두 힘들어

강화도 조약, 임오군란, 그리고 갑신정변으로 이어지는 사건들이 숨가쁘게 전개되는 동안 김구 선생은 개구쟁이 어린 시절을 보내고 있었어요. 그럼 그 당시 김구 선생을 비롯한 일반 백성들의 생활은 어땠는지 살펴볼까요?

강화도 조약 이후에 개항된 부산, 원산, 인천에는 일본인의 수가 점점 더 불어나고 있었어요. 그 사람들은 주로 상인들이었지요. 조선이 무역으로 이익을 얻기 좋은 곳이기 때문에 앞다투어 밀려들어 온 거예요. 일본은 강화도 조약 이후 여러 차례의 추가 협상을 통해서 **개항장***에서의 일본인의 권리 보호, 일본 화폐 사용, 무관세 무역의 혜택을 얻어 냈거든요. 일본 상인들은 주로 영국산 면제품을 비롯한 유럽산 물건들을 가져와서 팔고, 조선에서는 곡물(쌀, 콩 등)이나 금을 가져가서 팔아 이익을 챙겼답니다. 일본 상인들이 직접 유럽에 가서 물건을 사 오는 것이 아니라 중국에서 구입해 조선에 파는 중계 무역 형식이었어요.

청에서 온 상인들도 임오군란 이후에 체결한 '조청 상민 수륙 무역 장정'을 바탕으로 활발하게 조선을 드나들며 장사를 했어요. 그 규정을 통해 청 상인들은 개항장을 벗어나 내륙까지 들어와서 장사를 할 수 있는 특혜를 얻었거든요.

이처럼 일본과 청 상인들이 조선에서 무역 경쟁을 벌이는 동안 농민들과 상인들은 큰 피해를 입었어요. 또 일반 백성들은 일본으로 곡물이 빠져나간 탓에 곡물 가격이 비싸져 어려운 생활을 할 수밖에 없었어요. 반면 토지를 많이 가진 일부 지주들은 높은 쌀값에 많은 이득

내륙을 뜻하는 '륙' 자가 조선 상인에게는 치명적이었어요. 이 장정이 체결된 이후에는 외국 상인들이 정해진 개항장에 국한되지 않고 내륙까지 들어와 상업을 할 수 있었거든요. 결국 경쟁력이 약한 조선 상인들은 경쟁에서 밀릴 수밖에 없었어요. 반면에 청과 일본 상인들의 이익은 훨씬 증가했고요.

을 보았답니다.

1876년 강화도 조약이 체결된 뒤부터 지금까지 들려준 사건들은 김구 선생이 태어나서 10살이 된 사이에 일어났어요. 이 사건들은 앞으로 김구 선생이 겪게 될 수많은 일들의 바탕이 되었고, 김구 선생을 우리 민족의 큰 인물로 자라게 한 시대적 배경이 되었지요.

제2장 **아기 접주 김구**

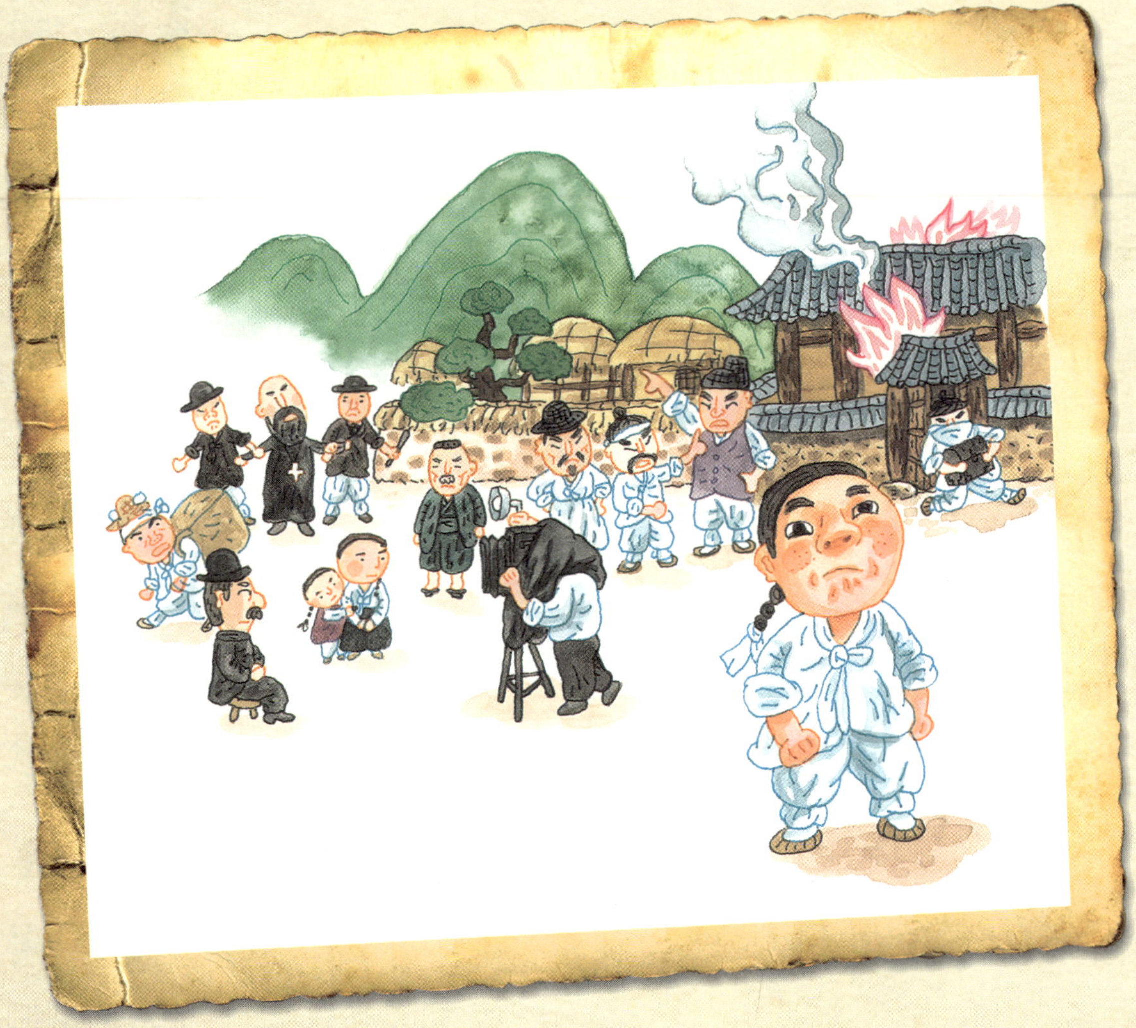

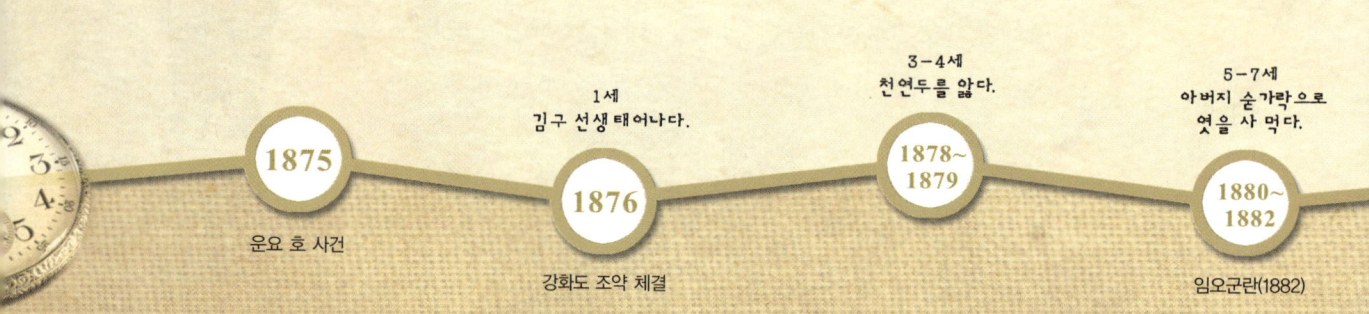

1875
운요 호 사건

1세
김구 선생 태어나다.
1876
강화도 조약 체결

3~4세
천연두를 앓다.
1878~1879

5~7세
아버지 숟가락으로 엿을 사 먹다.
1880~1882
임오군란(1882)

김구 선생이 태어나 자란 19세기 조선을 한마디로 표현하자면
'변화를 위한 혼란'이에요. 전통 사회에서 근대 사회로 넘어가는 과도기였거든요.
지금까지 듣지도 보지도 못했던 새로운 물건들과 사상들,
그리고 종교들이 전파되기 시작했지요.
옛 생각과 새로운 생각의 충돌, 서양 문물과 전통 사이의 갈등, 개화 사상과
위정척사 사상의 대립, 신분 제도의 흔들림 등으로 어수선한 분위기였답니다.
김구 선생이 태어나기 전부터 시작된 이런 사회 분위기는 김구 선생이
10대 청소년이 되어서도 계속 이어졌어요. 막 세상을 바라보는 눈을 갖추어 가던
김구 선생은 당시 사회를 어떻게 바라보았을까요? 또 여러 가지 일을 겪으면서
어떤 생각과 결심을 했을까요? 지금 여러분들처럼 정의롭고 원대한 꿈을
키워 가던 10대의 김구 선생을 함께 만나 보아요.

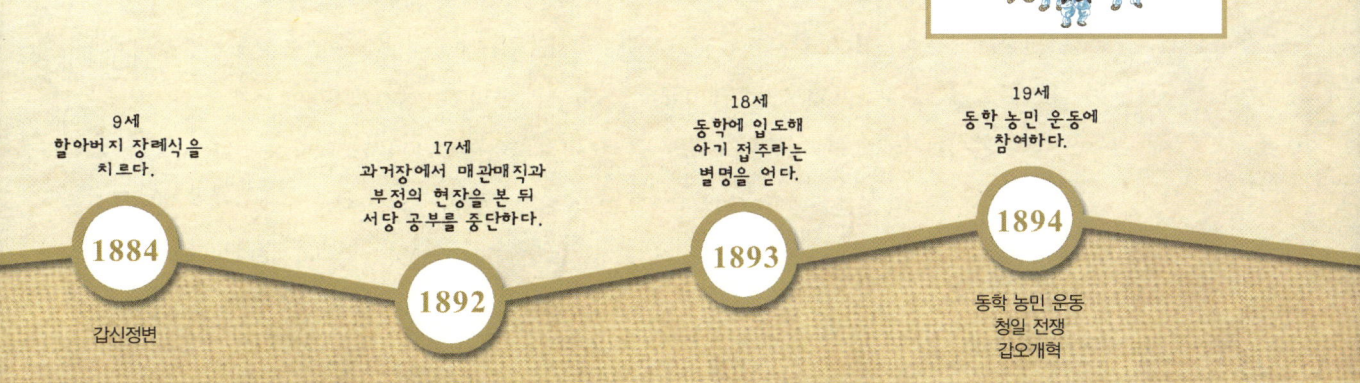

9세
할아버지 장례식을
치르다.

1884

갑신정변

17세
과거장에서 매관매직과
부정의 현장을 본 뒤
서당 공부를 중단하다.

1892

18세
동학에 입도해
아기 접주라는
별명을 얻다.

1893

19세
동학 농민 운동에
참여하다.

1894

동학 농민 운동
청일 전쟁
갑오개혁

백범일지 들여다보기

1893~1894년

그 무렵 동네에 이상한 소문이 돌았습니다. 어디에선가 이인*이 나타나 바다를 다니는 배를 못 가게 막고서 세금을 받은 뒤에야 지나가게 했다고 했습니다. 또 머지않아 조선 왕조는 사라지고 정 도령이 나타나 계룡산에 도읍을 정할 것이라고도 했습니다.

우리 동네에서 남쪽으로 20리 떨어진 포동에는 오응선이라는 사람이 있었습니다. 오응선은 동학에 들었는데, 방문을 열지 않고도 집 안으로 드나들며, 공중으로 걸어 다닌다고 했습니다. 나는 호기심이 생겨 한번 만나보고 싶었습니다. 그런데 오응선을 만나려면 고기를 먹지 말고 새 옷을 입고 가야 한다고 했습니다.

열여덟 살 되던 새해에 나는 고기를 먹지 않고, 목욕하고, 머리를 빗어 땋아 늘이고, 푸른 도포에 녹색 띠를 매고, 포동 오응선을 찾아갔습니다. 정중하게 안으로 들어가서 주인 면회를 청했습니다. 그러자 한 청년이 맞아 주었습니다. 내가 공손히 절을 하자 청년도 맞절을 했습니다.

"도령은 어디서 오셨소?"

나는 당황해서 어쩔 줄 모르며 내가 상놈임을 밝혔습니다.

"제가 어른이라도 당신께 공대*를 받지 못할 텐데 어찌 아이인 제게 존대를 하시나요?"

"동학도인은 빈부와 귀천에 차별을 두지 않습니다. 조금도 미안해하지 마시고 찾아온 뜻을 말씀하시지요."

나는 딴 세상에 온 것 같았습니다.

"선생이 동학을 하신다는 말을 듣고 동학의 원리를 알고 싶어 왔습니다."

……

내가 동학에 입도한 지 불과 몇 달 만에 내 밑의 신도가 수백 명이 되었습니다. 이 무렵 나에 대한 근거 없는 소문이 주변에 널리 퍼졌습니다. 내가 한 길이나 떠서 걸어 다니는 것을 보았다는 사람도 있었습니다. 이렇게 잘못된 얘기가 전해지면서 내 밑에는 점점 많은 신도들이 모여들었습니다. 신도들은 몇 달이 더 지나지 않아 수천 명에 달했습니다. 나이도 어린 내가 가장 많은 신도들을 데리고 있는 바람에 나는 '아기 접주*'라는 별명까지 얻었습니다.

이듬해 가을 대도주(최시형)로부터 신도 명단을 보고하라는 전달이 왔습니다. 우리는 신도

*이인 : 보통 사람과는 다른 비범한 능력이 있는 사람을 말해요.
*공대 : 공손하게 잘 대접함.
*접주 : 동학에서 접(接)의 우두머리를 뜻해요. 접은 동학 교단의 기본 조직이에요.

명단을 가지고 충청도 보은 땅으로 대도주를 만나러 갔습니다.

우리 일행이 대도주와 만나고 있을 때 한 보고가 들어왔습니다. 남도 각 관청에서 동학 신도를 체포하고 있으며, 전라도 고부에서는 전봉준이 이미 군사를 일으켰다는 것이었습니다. 또, 속보가 들어왔습니다. 어떤 고을 군수가 동학도 가족 전부를 잡아 가두고 재산을 몽땅 빼앗아 갔다는 것이었습니다. 대도주의 얼굴에는 크게 노하는 빛이 어렸습니다.

"호랑이가 물려 들어오는데 가만히 앉아 죽을 것인가? 몽둥이라도 들고 나가 싸우자!"

대도주의 이 말이 곧 동원령이 되었습니다.

그해 9월경에 고향으로 돌아왔습니다. 황해도 동학당도 관리들이 박해를 가하고 남쪽으로부터 함께 일어서자는 전갈이 있었으므로 마침내 거사를 하기로 했습니다. 우선 총기를 가지고 있는 신도들을 모아 군대를 조직했습니다. 내 신도 중에는 포수가 많았습니다. 그래서 내가 선봉장으로 뽑혔습니다. 우리는 황해도의 도청 소재지인 해주성을 빼앗아 탐관오리와 왜놈들을 잡아 죽이기로 계획을 세웠습니다. 그러나 막상 해주성 공격에서 왜병이 성 위에서 총을 몇 발 쏘자 모두들 불불이 도망치기 시작했습니다. 모두들 전쟁을 한 번도 겪어 보지 못한 오합지졸이었던 것입니다.

나는 이번 실패에 분개하여 군대 훈련에 힘을 쏟기로 했습니다.

세도 정치의 전개

순조(1800~1834)
안동 김씨 · 순원 왕후

헌종(1834~1849)
풍양 조씨 · 신정 왕후

철종(1849~1863)
안동 김씨 · 명순 왕후

세도 가문
특정 성씨의 집안이 정권을 독점하는 상황을 말해요.

힘겨운 세도 정치 속에서 새로운 세상을 꿈꾸다

김구 선생의 10대에 일어난 사회적 사건을 이해하기 위해서는 태어나기 전의 상황부터 알아야 해요.

19세기에 왕위를 계승한 왕은 순조, 헌종, 그리고 철종이었어요. 이 왕들에게는 어릴 때 왕이 되었다는 공통점이 있었어요. 순조는 11살, 헌종은 8살, 철종은 18살 때였거든요. 이것이 문제였어요. 어린 왕이 나라를 잘 통치하도록 보필해야 할 주변 사람들이 왕을 이용해 권력을 독점하고 나랏일을 좌지우지했으니까요. 주로 외척 가문들과 그들을 따르던 정치 세력들이었지요. 그 속에서 왕은 허수아비 같은 존재가 되었고 정치 기강은 흔들렸어요. 그런 정치 형태를 '세도 정치'라고 해요.

당시 세도 가문*은 외척이었던 풍양 조씨, 안동 김씨였어요. 날아가는 새도 떨어뜨린다고 할 만큼의 권력을 차지하고 있었지요.

그래, 이 어미가 대신 정치를 해 주마!

백성들은 탐관오리의 수탈과 횡포로 고통을 받았지요. 이처럼 나라 곳곳에서 질서가 무너지기 시작했는데, 김구 선생이 겪은 삶에도 당시의 어지러운 사회 모습을 말해 주는 사건이 있어요.

김구 선생은 17살이 되었을 때, 큰 꿈을 안고 과거 시험장에 들어섰어요. 그런데 과거 시험장의 모습은 엉망이었어요. 과거 시험 답안으로 제출할 글을 돈을 주고 사는 사람이 있는가 하면, 돈을 받고 대신 과거를 치러 주는 사람들도 보였지요. 또

나, 헌종.
8살에 왕위에 올랐는데,
무슨 정치를 알겠느냐.

높은 사람에게 뇌물을 바쳤으니 꼭 합격할 것이라는 말도 들렸어요. 이에 실망한 김구 선생은 더 이상 과거 시험을 치지 않기로 결심해요. 어린 김구 선생의 눈에 비친 과거장의 부정, 관직을 사고파는 매관매직의 모습은 19세기 세도 정치의 실상이었어요.

세도 정치 아래에서 어렵게 생활하며 새로운 사회를 갈망하고 있던 백성들의 귀에 솔깃한 이야기들이 곳곳에서 들려왔어요. 지금의 이씨 왕조가 멸망하고 정씨 왕조가 새롭게 들어설 것이라든지, 미륵불이 나타나 세상을 구제할 것이라든지 하는 이야기들이었지요.

한편, 천주교도 계속된 핍박 속에서도 몰래몰래 퍼져 나갔답니다. 천주교는 조선 후기에 중국을 드나들던 외교관들이 들여온 이후 양반들에 의해서 학문의 한 부분으로 연구되어 왔어요. 정조 때 와서는 일부 양반들이 신앙으로 믿기 시작하였답니다. 특히 정치에서 물러난 양반들이 중심이었지요.

하느님 앞에서 모든 사람이 평등하다는 천주교의 교리는 몰락한 양반과 신분이 낮은 백성들에게는 한줄기 희망 같은 이야기였어요. 반면, 천주교가 조

그때 내 비록 나이는 어렸지만 사회의 부정부패를 보고 땅을 치고 울었습니다. 그래서 관직에 나가지 않았습니다.

나, 김구

하느님 앞에서는 양반과 상민의 구별도, 남녀의 차별도 있을 수 없습니다.

사람이 마음대로 귀하고 천함을 나누는 것은 하늘을 거스르는 일입니다. 우리는 모든 차별을 없애야 합니다.

나, 최제우

아버지가 양반이 아니라는 이유로 차별받는 모습을 보기도 했던 나는 '평등'을 외치는 동학에 깊이 공감하였습니다.

나, 김구

선을 침략하려던 서양인들이 믿는 종교라는 것에 거부감을 느끼는 사람들도 있었어요.

그렇다면, 평등 사회를 추구하면서 서양의 침략에 대항하는 종교가 있다면 백성들의 마음에 쏙 들지 않았을까요? 마침 그러한 내용을 교리로 한 종교가 있었어요. 바로 동학이었답니다.

《백범일지》를 읽어 보면, 김구 선생도 동학에 관한 소문을 듣고 관심을 가지기 시작했다는 것을 알 수 있지요.

그런데 정부에서는 동학이 백성들의 마음을 어지럽히는 종교라고 하여 동학의 창시자인 최제우를 처형하고 동학을 탄압했어요. 사회의 부조리한 부분을 고치지 않고, 백성들의 소망을 외면한 채 힘으로 탄압한다고 해서 과연 동학이 사라졌을까요? 오히려 그 반대였어요. 백성들의 깊은 신음 소리만큼 더 깊고 단단하게 뿌리를 내렸답니다. 특히 1876년 정부가 일본에게 강화도 조약을 강제로 체결당한 뒤, 삶이 더욱 궁핍해진 농민들은 동학에 큰 호감을 가지게 되었지요.

동학의 의미와 교리는?

경주의 몰락한 양반이었던 최제우는 전통 신앙인 유교, 불교, 도교를 통합하여 동학을 창시했어요(1860년). 동학은 세도 정치 아래에서 고통 받던 사람들을 구원하려는 신앙 운동이었지요. 혼란한 사회를 바로잡고, 어렵게 살아가던 백성들을 구제하고, 평등 사회를 추구하는 사회 운동의 성격을 가지고 있었어요. 더불어 외세의 침략에 저항했던 민족적 성격도 가지고 있었어요. '동학'이라고 이름을 지은 이유도 천주교를 비롯한 서학에 반대한다는 의미였지요.

동학의 교리 변천 과정

1대 대도주 최제우	시천주(侍天主), "한울님을 모신다."
2대 대도주 최시형	사인여천(事人如天), "사람을 하늘처럼 섬긴다."
3대 대도주 손병희	인내천(人乃天), "사람이 곧 하늘이다."

동학 농민 운동이 시작되다

《백범일지》에 의하면 김구 선생은 동학 신도인 포동 오응선으로부터 들은 짧은 한마디와 사람을 대하는 태도에서 큰 감동을 받았어요. 아직 신분제가 폐지되기 전이었음에도 불구하고 사람을 무시하거나 차별하지 않는 모습에 동학에 입도하겠다는 마음을 먹었지요.

동학 농민 운동이 본격적으로 전개되기 시작한 것도 그 무렵이었어요. 교조 최제우는 이미 처형되고 없었지만, 그 가르침을 따르던 사람들은 동학을 더 체계화했고 나아가 농민들은 더 이상 참지 못하고 들고일어났지요.

"와, 만석보를 부숴라!"

"탐관오리 조병갑을 쫓아내자!"

1894년 1월 새벽, 한 무리의 농민들이 분노에 찬 목소리를 높이며 전라도 고부 관아를 습격했어요. 동학의 접주였던 전봉준과 그 지역의 농민들로 구성된 동학 농민군이었어요. 고부 농민 봉기가 시작된 것이지요. 김구 선생이 황해도에서 동학에 입도한 지 수 개월이 지난 시점이었어요.

그렇다면 고부 농민 봉기가 일어난 배경은 무엇이었을까요? 직접적인 원인은 전라도 고부 군수 조병갑의 횡포였어요. 자기 아버지의 공덕비를 세운다는 명목을 포함한 여러 이유를 만들어 농민들로부터 무리하게 세금을 거둬들였지요. 그 와중에 어처구니없는 일도 있었어요. 고부 지역에 다른 저수지가 있음에도 불구하고 '만석보'라는 큰 물막이 공사를 벌였던 거예요. '보'는 저수지와는 달리 흐르는 냇물을 가로지르는 둑을 쌓아 물을 저장하는 시설이랍니다. 공사에 동

만석보 유지비
예전에 만석보를 쌓았던 곳이에요.

만석보 때문에 농민들의 분노가 봇물처럼 터진 것이군요.

고부 관아 터
동학 농민 운동의 시발점이 된 고부 관아가 있던 터로, 지금은 고부 초등학교가 있어요.

원된 농민들은 농사에 필요한 물을 안정적으로 쓸 수 있겠다는 기대를 가졌어요. 그런데 보 건설이 끝나자 물세를 거두지 않겠다는 약속을 어기고 농민들에게 물세를 물렸어요. 농민들이 세금 감면을 건의하기도 했지만 소용이 없었어요. 오히려 건의한 사람들을 매로 다스렸지요. 전봉준의 아버지도 그때 매를 맞고 병을 얻어 세상을 떠나고 말았어요. 이에 세도 정치 아래에서 쌓여 왔던 농민들의 불만이 드디어 터진것이에요.

봉기가 시작되자 농민들은 전봉준의 지휘 아래 고부 관아를 습격하고 만석보를 부수었어요. 그동안 수탈해서 창고에 쌓아 둔 곡식을 모두 꺼내 농민들에게 나눠 주고 억울하게 옥에 갇혀 있던 농민들을

1차 동학 농민 봉기
농민군이 백산에 집결한 모습이에요.

풀어 주었어요. 그러는 사이 탐관오리 조병갑은 부리나케 전주 감영으로 달아나 결국 놓치고 말았답니다.

정부에서는 이용태를 <u>안핵사</u>*로 임명하여 사건의 진상을 파악하라고 했지만 농민 봉기의 원인을 찾거나 조병갑을 벌하기보다는 오히려 농민군의 주동자를 찾아내려는 데만 열심이었어요. 이에 전봉준은 무장에서 동학군을 이끌고 있던 손화중, 태인의 김개남과 함께 농민군을 백산에 집결하여 관군의 공격에 대비했어요. 본격적인 1차 동학 농민 봉기가 시작된 거예요.

백산에서 농민군이 발표한 격문에는 고부에서 내걸었던 '제폭구민(폭정을 제거하여 백성을 구한다.)'에 더해 '보국안민(나라를 돕고 백성을 편안하게 한다.)'의 구호까지 포함되었어요. 농민군 진영에는 그 구호를 내건 깃발들이 곳곳에서 휘날렸어요. 이를 통해 동학 농민 운동이 반봉건, 반외세의 성격을 가졌음을 알 수 있지요.

안핵사
조선 후기, 지방에서 발생한 민란을 수습하기 위해 파견하던 임시 벼슬이에요.

동학 혁명 백산 창의비
백산성 정상 부근에 세워져 당시의 뜻을 기리고 있어요.

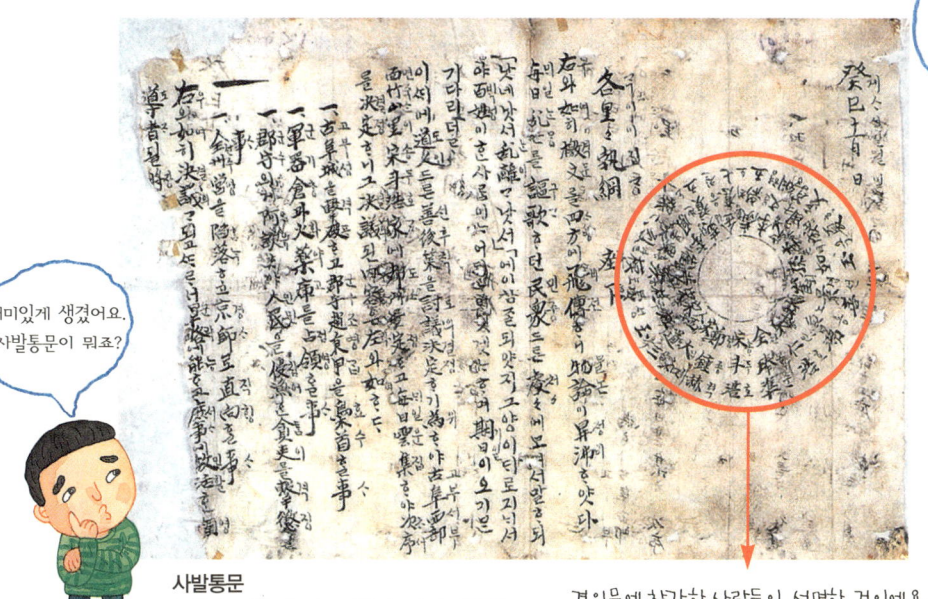

사발통문
동학 농민군의 지도자들이 결의 내용을 적어 농민들에게 알렸던 포고문이에요.

재미있게 생겼어요. 사발통문이 뭐죠?

결의문에 참가한 사람들이 서명한 것이에요.

결의문 옆에는 작성에 참여한 사람들이 둥근 사발 모양으로 서명했어요. 이렇게 서명하면 누가 주동자인지 모르겠지요?

황토현을 넘어 전주로!

보부상은 정부에서 관리하는 상인들이었기 때문에 정부에 협조를 잘했답니다.

　농민군이 백산에 총집결해 있을 때였어요. 정부에서는 군졸들과 보부상 등으로 구성된 2,300여 명의 관군을 동원해 농민군을 추격해 왔어요. 이에 주변 지형에 익숙한 농민군은 황토현으로 관군들을 유인하고 자신들은 그 맞은편 사시봉에 진을 쳤어요. 사시봉은 황토현보다 높아 전략적으로 유리한 곳이었거든요.

　밤이 되자 농민군은 진영을 비워 두고 주변 숲에 몰래 숨어 있었어요. 예상대로 관군이 농민군의 진지로 들이닥쳤어요. 이때 몰래 숨어 있던 농민군들이 우르르 몰려나와 한꺼번에 공격했답니다. 관군이 우왕좌왕하며 놀라서 도망가자 농민군은 황토현의 관군 진영까지 뒤쫓아가 물리쳤어요. 이로써 동학 농민군은 관군과 맞붙은 최초의

1차 동학 농민 봉기

전투에서 큰 승리를 거두었답니다.

농민군은 그 기세를 몰아서 전주를 거쳐 한양까지 밀고 올라가 중앙 정부의 탐욕스러운 관리들뿐만 아니라 외국 세력들까지 몰아내고자 했어요. 이에 농민군은 북쪽으로 올라가서 한양으로 가는 최대의 관문인 전주성까지 점령했지요.

정부에서는 전주성이 농민군에게 점령당했으니 한양까지 진격해 오는 것은 시간문제라고 판단했어요. 그래서 부랴부랴 청에게 도움을 요청했지요. 청은 갑신정변 이후 일본과 맺은 **톈진 조약***에 의해 군대를 철수시킨 뒤 조선에서의 주도권을 쥐려고 호시탐탐 기회를 노리고 있었어요. 그래서 조선의 요청에 즉시 군대를 파견했답니다. 이에 질세라 일본도 2배나 되는 규모의 군대를 파견했지요.

정부는 청·일 양국이 예상 외의 대규모 군대를 파견한 것에 놀랐고, 농민군도 두 나라가 개입하는 것을 원하지 않았어요. 그래서 정부와 농민군은 휴전하기로 하고, 화약을 체결했어요. 1894년 5월 17일에 체결한 이것을 '전주 화약'이라고 해요. 그때 정부에서는 농민군이 요구한 폐정 개혁안을 수용하기로 했어요.

그런데 정부에서는 폐정 개혁을 계속 미루기만 하고 실시하지 않았어요. 급하게 전주 화약을 체결하기 위해 폐정 개혁을 약속했지만, 오랫동안 유지해 오던 신분 제도나 토지 제도 등을 하루아침에 바꾸기는 어려운 일이었거든요. 폐정 개혁안의 내용이 실제로 이뤄졌다면 조선 사회는 일반 백성들이 살기 좋은 나라가 되었을지도 몰라요.

하지만 개혁안이 바로 실시된 곳도 있었어요. 농민군이 점령한 전라도 지역이었지요. 농민군은 전주 화약 체결 이후 농민들의 자치

전봉준 동상
황토현 전적지에 세워져 있어요

톈진 조약
갑신정변 후의 조선 문제에 관해 청과 일본이 체결한 조약이에요. 주요 내용은 청·일 양국 군대를 조선에서 철수시키되 다시 군대를 보낼 때는 서로에게 알리기로 한다는 것 등이에요.

삼정
전정 : 농민들이 경작하는 토지의 세금.
군정 : 16세 이상 60세까지의 양인 남자에게 군포를 거두는 제도.
환곡 : 먹을 것이 부족한 춘궁기에 백성들에게 곡식을 빌려주고 추수기에 돌려받던 제도.

기구인 집강소를 설치하여 폐정 개혁을 실시했어요. 농민들에게 횡포를 부리던 탐관오리와 부자들을 찾아내 벌을 주고 폐단이 심했던 삼정(전정, 군정, 환곡)*을 개혁했지요. 또 일본으로 쌀을 수출하는 것도 금지시켰답니다. 농민들은 자신들이 꿈꾸던 세상이 곧 이루어질 거라는 기대감으로 가득했어요. 그러는 사이 청과 일본은 조선에서의 주도권을 두고 대립하고 있었어요.

일본은 수천 명의 군대를 이끌고 조선에 들어왔는데 정부와 농민군이 화약을 체결했다는 소식에 할 일이 없어졌어요. 군대를 파견한 명분이 없어진 셈이지요. 그런데 일본은 본국으로 돌아가지 않고 청나라에게 조선의 개혁을 함께 하자고 제의했어요. 청은 이미 조선에 대한 영향력을 가지고 있었기 때문에 그 제안을 거절했지요. 청의 거절을 이유로 일본은 풍도 앞바다에 정박해 있던 청의 함대를 공격했어요. 청일 전쟁이 시작되는 순간이었지요.

동학 농민군의 기발한 아이디어 도구, 장태

장태는 동학 농민군이 관군의 총탄을 막아내기 위해 사용한 방탄 도구예요. 생대나무를 닭장 모양으로 얽고 그 안에 짚을 넣어 만들었지요. 총탄이 날아와도 대나무의 탄력으로 튕겨 나가는 원리를 이용한 거예요. 농민군은 이 장태를 굴려가며 진격했어요. 이것을 방탄용뿐만 아니라 전투용 수레로 이용하기도 했어요. 안에 사람이 타고 밑에 바퀴를 달아서 지금의 방탄차처럼 말이지요. 이 도구로 성과를 본 전투가 황룡강 전투와 월평리 전투였답니다.

동학 농민군이 제시한 폐정 개혁안

일본인과 몰래 통하는 자는 엄벌에 처한다.

토지는 골고루 나누어 경작한다.

1. 동학과 정부 사이의 반감을 없애고 정치에 협력한다.
2. 탐관오리의 죄상을 조사하여 이를 엄중히 처벌한다. — 탐관오리 처벌
3. 횡포한 부호들을 엄중히 처벌한다.
4. 불량한 유림과 양반들을 징계한다.
5. 노비 문서를 불태운다. ┐
6. 모든 천인들의 대우를 개선하고 백정이 쓰는 패랭이를 없앤다. ├ 신분제 폐지
7. 젊은 과부의 재혼을 허락한다. — 과부 재혼 허용
8. 규정 이외의 모든 세금을 폐지한다. — 반오세
9. 관리의 채용은 문벌을 타파하고 인재를 등용한다.
10. 일본인과 몰래 통하는 자는 엄벌한다.
11. 공·사채는 물론이고, 농민이 이전에 진 빚은 모두 무효로 한다.
12. 토지는 골고루 나누어 경작한다. — 토지제도 개혁

폐정 개혁안을 통해서 그 당시 농민들이 어떤 마음을 품고 있었는지 알 수 있어요.

노비 문서를 불태운다.

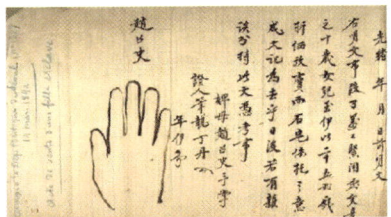

노비 문서

탐관오리의 죄상을 조사하여 이를 엄중히 처벌한다.

`1894 2차 동학 농민 봉기`

일본을 물리치기 위해 다시 일어나다

기포령
모든 동학 교도들에게 무장 봉기를 지시한 것이에요.

청일 전쟁은 농민들로 하여금 전주 화약 체결의 의미를 실감하지 못하게 했어요. 게다가 일본은 흥선 대원군을 앞세워 경복궁에 침입하여 고종을 강제로 연금하고 김홍집을 중심으로 한 친일 내각을 구성했지요. 이는 일본이 조선의 내정을 간섭하겠다는 뜻이었고, 조선의 자주권을 침해하는 행위였어요.

이러한 상황에 분노한 농민군이 다시 삼례로 모여들었어요. 2차 동학 농민 봉기가 시작된 것이에요. 농민군은 최시형이 이끄는 북접(충청도 지역의 동학 조직)과 연합하기 위해 논산으로 집결했어요. 전주 화약을 맺기 전까지는 전봉준을 중심으로 하는 남접(전라도 지역의 동학 조직)의 농민군이 봉기를 이끌어 왔지만 《백범일지》에 기록된 것처럼 2대 교주인 최시형이 기포령*을 내리자 북접을 비롯한 전국의 동학 농민군이 일어났답니다. 그래서 이웃해 있던 호남 지방의 남접과 호서 지방의 북접이 연합하려 했던 것이지요.

여기서 잠깐, 여러분 머릿속에 그림을 그려 보세요. 김구 선생이 2대 교주인 최시형과 만나고 있는 자리에서 전봉준의 봉기 소식을 듣는 그림을요. 전봉준이 2차 농민 봉기를 이끌고 있을 무렵, '아기 접주'라는 별명을 가진 김구 선생도 황해도 해주 지역에서 동학 농민 운동을 일으켰어요. 40대의 전봉준과 10대의 김구 선생이 서로 만난 적은 없었지만 같은 조선 땅에서, 같은 상황을 겪으며, 같은 시간을 살고 있었던 거예요.

지금까지 따로따로 알고 있었던 김구, 전봉준, 최시형 등의 인물들이 같은 역사 현장에 있었음을 알 수 있지요.

우금치 전적지

　자, 그럼 이제 남접과 북접의 동학 농민군이 모두 집결했으니 한양으로 밀고 올라가야겠지요?
　"가자, 한양으로!"
　"일본 세력을 몰아내자!"
　농민군의 분노에 찬 목소리는 한양으로 향하는 발걸음에 힘을 실어 주었어요.
　한편, 관군은 일본군과 함께 한양으로 가는 길목인 공주에서 농민군을 기다리고 있었어요. 농민군은 한양으로 가기 위해서 반드시 공주성을 점령해야 했지요. 그래서 시작된 10월의 공주성 공격은 11월의 공주 우금치 전투로 이어졌어요. 우금치는 1차 봉기의 접전지였던

47

수만 명이나 되는 우리 농민군이 수천 명의 일본군과 관군에게 패한 것은 관군에 비해서 전투 실력과 경험이 부족했고, 무기가 약했기 때문이었소!

나, 전봉준

황토현처럼 고개였답니다. 이번에는 농민군이 고개를 넘어야 했어요. 농민군은 수십 차례 우금치를 공격하였으나 죽창, 칼, 활 등으로 대포, 기관포, 최신식 소총을 이겨낼 수 없었어요. 물론 농민군도 재래식 화승총을 가지고 있었지만 사정거리가 훨씬 긴 일본군의 소총이나 기관총을 당할 수 없었어요. 결국 크게 패하고 말았지요.

이후 전봉준은 관군에게 동포끼리 싸우지 말고 힘을 합쳐 일본군과 싸우자고 제안했으나 소용없었어요. 오히려 김개남, 최시형, 손화중의 부대도 패하였다는 소식만 들려왔어요. 결국 태인으로 밀린 농민군이 마지막 전열을 가다듬어 혈전을 벌였으나 또다시 패하고 말았답니다. 전봉준은 여기서 훗날을 기약하며 농민군의 해산 명령을 내렸어요.

농민군을 해산한 뒤 전봉준은 몇몇 사람들과 함께 전라도 순창으로 이동하여 옛 부하 김경천을 찾아갔어요. 그런데 현상금에 눈이 먼 김경천은 전봉준이 주막에서 잠든 사이 그를 신고했어요. 전봉준은 관군이 주막을 포위하는 것을 눈치채고 도망치려 하였으나 담을 넘다가 다리를 다쳐 결국 붙잡혔지요.

체포된 전봉준은 한양으로 압송되어 손화중, 최경선 등과 함께 처형되고 말았어요. 농민들은 동학 농민 운동의 실패를 안타까워하며 '녹두장군'이라 불린 전봉준을 기리는 노래를 만들어 불렀답니다.

체포되어 끌려가는 전봉준
다리에 부상을 입어 들것을 타고 이동했어요.

"새야 새야 파랑새야, 녹두 밭에 앉지 마라.
녹두 꽃이 떨어지면 청포 장수 울고 간다."

이처럼 동학 농민군은 관군에게 패하고, 지도자들은 모두 처형되어 결국 실패로 끝났는데, 왜 우리 역사에서 동학 농민 운동을 중요한 사건으로 여길까요? 그것은 동학 농민 운동이 비록 실패로 끝났지만 노비 제도를 비롯한 신분 제도의 철폐, 과부의 재가 허용 등 정치·경제·사회 전 분야에 걸친 개혁을 이끌어 내는 계기가 되었기 때문이에요. 실제로 동학 농민 운동과 같은 해에 실시된 갑오개혁의 개혁안에는 동학 농민군의 요구 사항이 상당히 반영되었지요.

전봉준과 함께 동학 농민 운동을 이끌었던 김개남은 전봉준보다 먼저 청주에서 패한 뒤 처형되었고, 최시형은 1898년 원주에 피신해 있던 중 체포되어 처형되었답니다.

그럼 해주에서 동학 농민 봉기를 일으킨 김구 선생은 어떻게 되었을까요? 농민군을 이끌고 해주성을 공격하였지만 역시 일본군이 가진 신식 무기 때문에 실패하고 구월산의 패엽사로 후퇴했답니다. 그 뒤 몽금포로 피신해 있으면서 동학군의 패전 소식을 전해 들었지요.

> 녹두는 키가 작은 전봉준을 비유한 것이었어요.

갑오개혁(1894)의 주요 내용

정치
· 개국 기원 사용(청 연호 폐지)
· 왕실 사무와 행정 사무 분리
· 사법권 독립
· 과거제 폐지

경제
· 재정의 일원화
· 조세의 금납화
· 도량형의 개정 통일

사회
· 신분제 폐지
· 조혼 금지
· 과부의 재가 허용

제3장 치하포에서 일본인을 죽인 이유

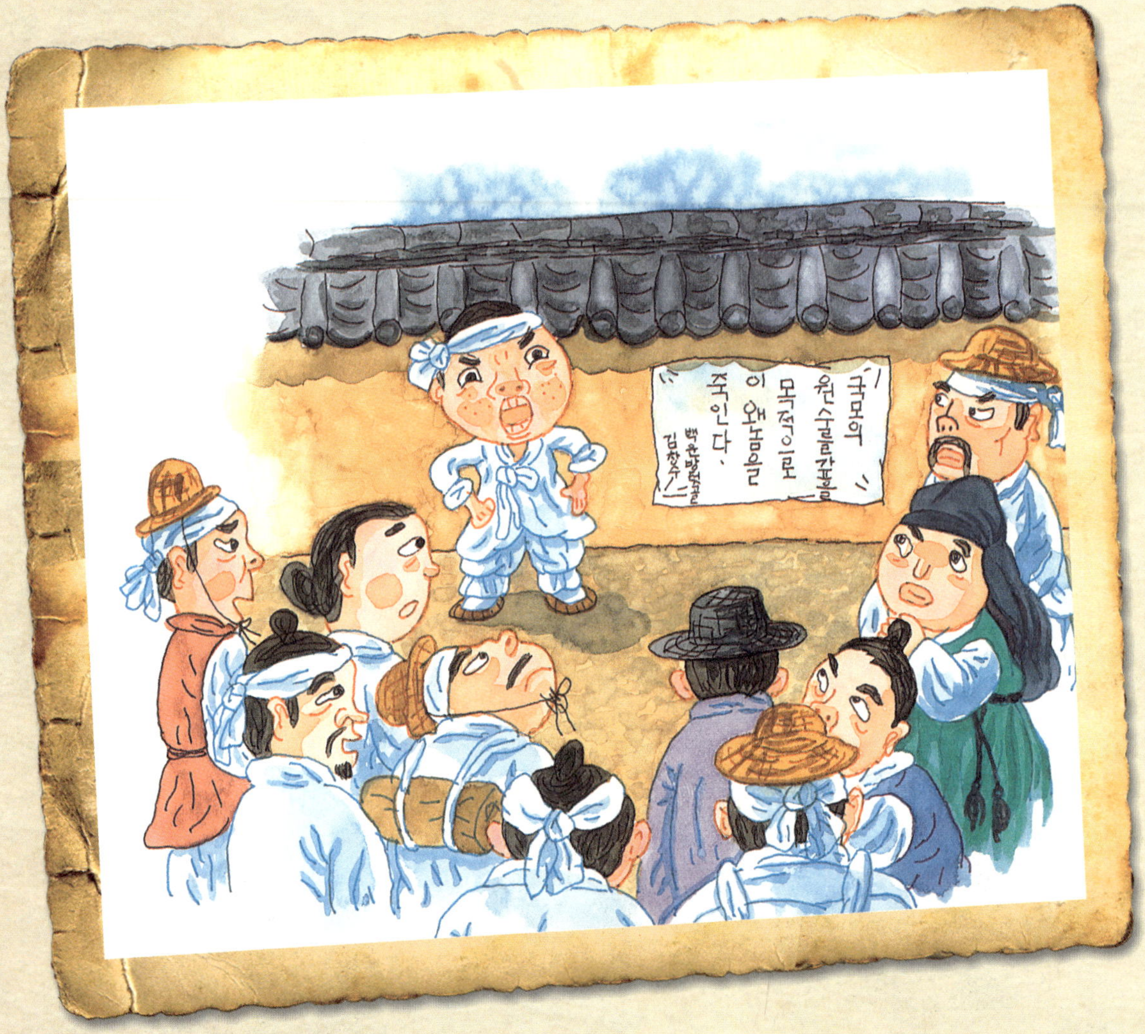

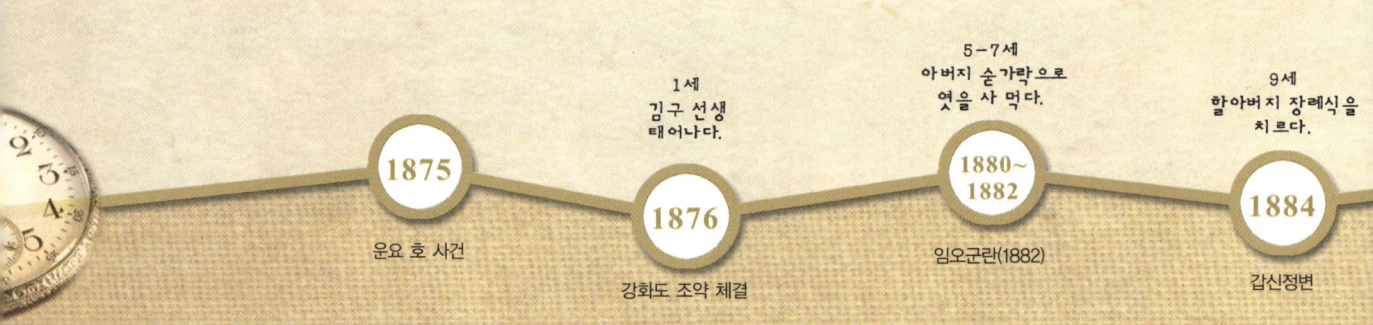

- 1875 운요호 사건
- 1세 김구 선생 태어나다. 1876 강화도 조약 체결
- 5~7세 아버지 숟가락으로 엿을 사 먹다. 1880~1882 임오군란(1882)
- 9세 할아버지 장례식을 치르다. 1884 갑신정변

1896년 2월, 겨울 추위가 막바지에 이를 때였어요. 황해도 안악군 치하포의
한 주막에서 큰 싸움이 벌어졌어요. 차갑게 언 땅에 칼이 부딪치며 내는 쇳소리,
주변 구경꾼들의 웅성거리는 소리 사이로, 힘찬 호령 소리가 들렸어요.
"누구든 이 왜놈을 위해서 내게 손대는 자는 모두 죽여 버리겠다!
아까 왜놈을 위해서 나에게 대들고자 했던 놈이 누구냐?"
쓰러져 엎드려 있는 사람은 일본인, 큰 소리로 호령한 사람은
바로 앳된 모습의 청년 김구 선생이었어요.
일본인을 죽인 김구 선생은 당황하지 않았어요. 일본 자객이 가지고 있던 돈은
마을의 가난한 사람들에게 나누어 주고, 시신을 처리한 뒤 주막의 주인에게
종이와 쓸 도구를 달라고 했어요. 국모의 원수를 갚기 위해 일본인을 죽였다는
내용의 포고문을 써서 벽에 붙이기 위해서였지요. 큰길가에 포고문을 붙인
김구 선생은 지켜보던 사람들을 지나 유유히 고향으로 돌아갔답니다.
그런데 국모는 누구이며 국모에게 어떤 일이 있었기에 김구 선생은
원수를 갚으려 했던 것일까요?

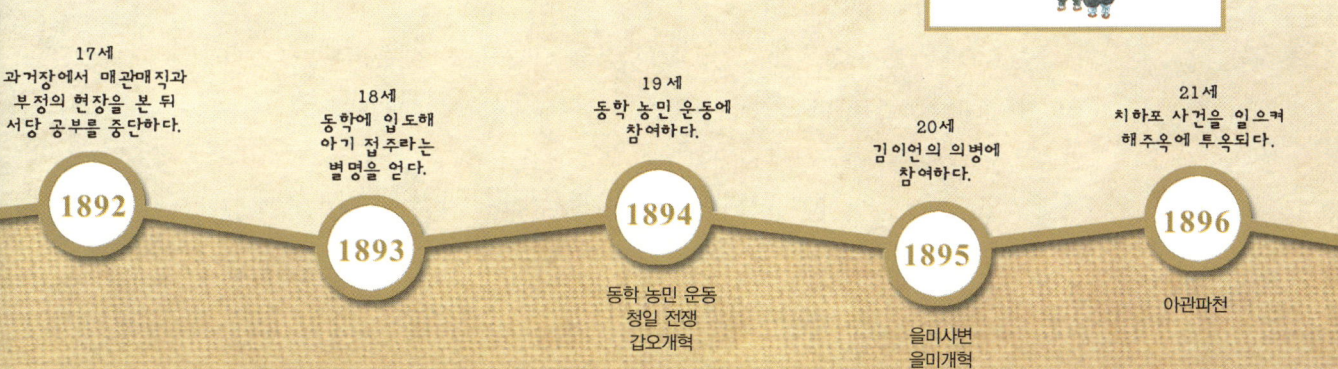

17세
과거장에서 매관매직과
부정의 현장을 본 뒤
서당 공부를 중단하다.

1892

18세
동학에 입도해
아기 접주라는
별명을 얻다.

1893

19세
동학 농민 운동에
참여하다.

1894
동학 농민 운동
청일 전쟁
갑오개혁

20세
김이언의 의병에
참여하다.

1895
을미사변
을미개혁

21세
치하포 사건을 일으켜
해주옥에 투옥되다.

1896
아관파천

백범일지 들여다보기

1896년

나는 1896년 2월 하순에 용강에서 안악군의 치하포로 건너가려고 배를 탔습니다. 그런데 우리가 탄 배가 강 위를 떠도는 빙산에 둘러싸여 더 이상 움직이지 못했습니다. 멀리 떨어진 치하포까지는 가지 못하고 5리 밖 강기슭에 오르니 자정이 넘었습니다. 여관에 들어가자 풍랑 때문에 발이 묶인 손님들이 방마다 가득했습니다. 밥상이 들어오기 시작하는데 아무래도 가운데 방에 앉아 있는 사람이 수상해 보였습니다. 그 사람은 머리를 깎고 한복을 입고 있었습니다. 자세히 살펴보니 흰 두루마기 밑으로 칼집이 보였습니다. 나는 그놈의 행색에 대해 곰곰이 따져 보았습니다.

'변장을 한 것으로 보아 보통 장사꾼이나 기술자는 아니다. 황후를 죽인 바로 그놈은 아닐지라도 칼을 숨겨 가지고 다니는 자라면 우리나라와 민족에게 독버섯일 게 분명하다. 저놈 한 명을 죽여서라도 나라의 치욕을 앙갚음하리라.'

나는 잠시 망설였습니다. 저놈은 몇 명의 동행이 있는 듯한데, 나는 혼자였습니다. 또 저놈은 칼을 가졌지만 나는 맨주먹이었습니다. 여관에는 모두 40여 명의 손님이 있지만 막상 내가 저놈을 죽이려 한다면 말리기만 할 뿐 내 편을 들어줄 사람은 없었습니다. 어쩌면 말릴 때 저놈의 칼이 내 몸을 뚫을지도 몰랐습니다. 이때 문득 고능선 선생의 교훈 가운데 한 대목이 떠올랐습니다.

"가지를 잡고 오르는 것은 그다지 대단할 것 없다. 벼랑에 매달려 손을 놓을 수 있어야 장부라고 칭할 수 있다."

나는 용기가 불끈 솟았습니다. 먼저 밥상을 받고 일어나서 주인을 불러 말했습니다.

"내가 오늘 칠백여 리나 되는 산길을 걸어서 넘어야 하는데 아침을 더 먹고 갈 터이니 밥 일곱 상만 더 차려다 주시오."

주인은 내 말에는 대답도 않고 방 안에서 아직 밥을 먹고 있는 사람들을 보면서 한마디 하고는 방으로 들어가 버렸습니다.

"젊은 사람이 불쌍도 하다! 미친놈이군!"

나는 방 안에 누워서 왜놈의 동정을 살폈습니다. 그 왜놈은 주위를 경계하지도 않고 식사를 마치고 중문 밖 문기둥에 기댄 채 동행이 밥값 계산하는 것을 지켜보고 있었습니다. 나는 느릿느릿 몸을 일으켜 큰 호령 소리와 함께 왜놈을 발로 찼습니다. 왜놈은 높다란 층계 아래로 굴러 떨어졌고, 나는 좇아 내려가 못 일어나게 발로 눌렀습니다. 방마다 문이 열리면서 사람들의 머리가 비집고 나왔습니다.

　"누구든 이 왜놈을 위해서 내게 손대는 자는 모두 죽여 버리겠다!"

　그 말이 다 끝나기 전에 왜놈이 달빛에 칼날을 번쩍이며 내게 덤벼들었습니다. 얼굴을 내려치는 칼을 피하면서 발길로 왜놈의 옆구리를 차 거꾸러뜨리고 칼 잡은 손목을 힘껏 밟았습니다. 칼이 저절로 땅에 떨어졌습니다. 그 칼을 집어 왜놈을 머리부터 발끝까지 난도질했습니다. 마당은 빙판인데 피가 샘솟듯 마당에 흘렀습니다. 나는 손으로 왜놈의 피를 움켜 마시고 얼굴을 그 피로 칠했습니다. 그리고 칼을 들고 방으로 들어갔습니다.

1894 삼국 간섭

랴오둥 반도를 청에 반환하라

1894년, 청은 동학 농민 운동의 진압을 도와 달라는 조선 정부의 요청으로 조선에 군대를 파견했어요. 이때 일본도 군대를 파견했지요. 10여 년 전, 갑신정변 후에 체결한 톈진 조약에 근거한 조치였어요. 10여 년 만에 군대를 파견한 두 나라는 일본의 선제 공격으로 전쟁을 벌였어요. 바로 청일 전쟁이에요. 오래전부터 위태위태하던 두 나라 사이의 긴장감이 드디어 터진 것이지요.

조선의 주도권을 놓고 조선 땅에서 벌인 청일 전쟁에서 일본이 승리를 거두었어요. 그 결과 일본은 청과 강화 조약(시모노세키 조약)을 맺고 랴오둥 반도를 차지했지요. 이로써 일본은 대륙 진출의 발판을 확고하게 마련하였어요. 물론 조선에 대한 일본의 영향력은 훨씬 커졌지요.

하지만 승승장구하던 일본을 견제하려는 나라가 있었어요. 바로 러시아였지요. 아편 전쟁 때 연해주를 나누어 받아 꾸준히 남하 정책을 추진하던 러시아의 입장에서는 일본의 랴오둥 반도 진출이 못마땅했던 것이지요. 그래서 러시아는 같은 유럽의 제국주의 국가인 프랑스와 독일을 끌어들여 일본이 랴오둥 반도를 청에 반환하도록 압력을 넣었어요. 3 대 1, 막 청일 전쟁을 끝낸 일본은 다시 전쟁을 할 수가 없어 결국 랴오둥 반도를 청에 반환했지요. 이후 랴오둥 반도에는 러시아 군대가 머물렀어요. 또 조선에서는 러시아의 영향력이 커졌지요. 이 사건을 '삼국 간섭'이라고 해요.

> 강화 조약이란 전쟁의 승전국과 패전국이 전쟁 후의 뒤처리를 위해 맺는 조약이에요. 강화도에서 체결된 강화도 조약과 헷갈리지 마세요.

> 청은 임오군란 때, 일본은 임오군란 후 체결한 제물포 조약으로 군대를 파견했지만 갑신정변(1884) 후에 체결한 톈진 조약(1885년)으로 군대를 동시에 철수시켰어요.

랴오둥 반도와 연해주

`1895 을미사변`

조선의 국모를 살해하다!

"탕, 탕, 탕!"

"일본 자객이 궁궐을 침범했다. 악!"

모두가 잠들어 조용하던 궁궐이 여러 발의 총소리와 함께 비명 소리, 칼 소리로 가득했어요. 그 소리는 점점 명성 황후가 머물고 있던 경복궁의 북쪽, 곤녕합 쪽을 향해 이어지고 있었어요. 곧이어 곤녕합 쪽에서 통곡 소리가 들려왔어요. 무슨 일이 일어난 것일까요?

청일 전쟁에서 일본이 승리하자, 조선 정부는 일본을 견제할 새로운 세력이 필요했어요. 그때 마침 삼국 간섭을 주도한 러시아가 눈에 띄었어요. 이에 조선 정부는 러시아와의 친선 관계를 강화하기 위해서 친일 관리들을 몰아내고 러시아를 끌어들이려 했어요. 이미 갑오개혁을 통해 조선의 내정을 간섭하던 일본은 이러한 움직임이 마땅치 않았어요. 일본은 조선과 러시아의 연결 고리를 끊기 위해 명성 황후를 제거할 계획을 세웠지요. 명성 황후가 정책 결정에 큰 영향력을 미치고 있었거든요.

일본 육군 출신의 신임 공사 미우라 고로는 1895년 10월 8일 새벽, 일본 낭인들을 경복궁에 난입시켜 명성 황후를 시해하는 엄청난 만행을 저질렀어요. 이 사건을 '을미사변'이라고 하는데, 당시 백성들의 반일 감정을 크게 불러일으켰답니다.

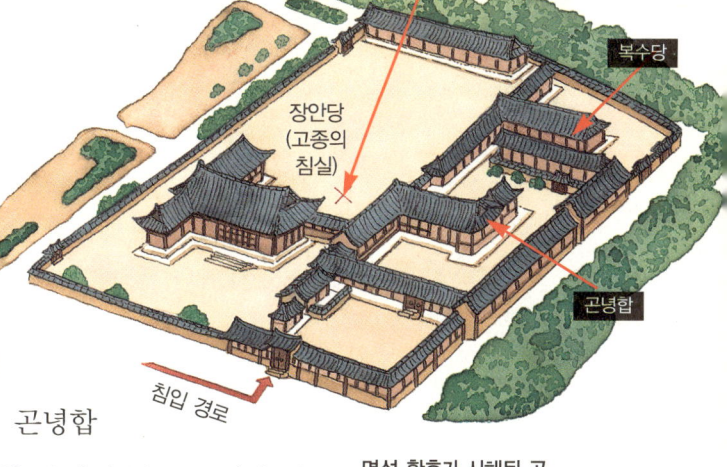

명성 황후가 시해된 곳
일본의 낭인들에게 시해당한 곳은 곤녕합에서 장안당으로 이어지는 마당으로 추정해요.

명성 황후 시해
일본인 자객은 경복궁에 잠입해 조선의 국모인 명성 황후를 죽였어요.

1895 단발령

목을 자를지언정 상투를 자를 순 없다!

> **을미개혁의 주요 내용**
> - 조선 고종 때의 연호인 건양과 태양력을 사용하기로 했어요.
> - 종두법과 단발령을 시행하기로 했어요.
> - 소학교를 설치하고, 우편 업무를 시행하기로 했어요.
> - 군제를 개편해 친위대(중앙)와 진위대(지방)를 설치하기로 했어요.

명성 황후가 시해되자 조선과 러시아의 관계를 강화하기 위한 시도는 물거품이 되었어요. 이어 김홍집을 중심으로 하는 친일 세력이 다시 정권을 잡았어요. 그들은 친러파를 몰아내고 중단되었던 개혁을 다시 실시했어요. 이를 '을미개혁'이라고 해요.

개혁의 내용 중에는 을미사변으로 분노해 있던 백성들을 더 화나게 만든 것이 있었어요. 바로 단발령이에요. 위생적이고 활동하기 편하다는 이유를 들어 상투를 자르라는 명령이었지요. 당시 백성들은 도대체 이게 무슨 일인가 하는 생각이 들었어요. 단발령은 을미사변으로 불붙은 반일 감정에 기름을 붓는 격이었어요. 명성 황후를 시해한 일본이 배후에 있음을 아는 백성들이 을미개혁을 환영할 리가 없었지요.

일본은 고종과 세자(훗날 순종)에게 먼저 단발을 강요하여 상투를 자르게 했어요. 그리고 백성들에게 '임금이 상투를 잘랐으니 백성들도 따르라.'는 식으로 단발령을 추진했어요. 백성들은 이를 강하게 반발하고 나섰어요. 유학을 공부한 유생들의 반대는 특히 심했어요. '편하고 위생적인 것'보다는 유교적 전통을 지키는 것이 옳다고 여겼지요. 그 중 최익현은 "내 목은 칠지언정 내 머리칼을 자를 순 없다."며 단발령에 거세게 반발했어요.

단발한 고종의 모습

을미개혁은 두 번의 갑오개혁에 이어서 추진된 3차 개혁이었어요. 추진된 해가 갑오년(1894)이면 갑오개혁, 을미년(1895)이면 을미개혁이라고 하는 거예요.

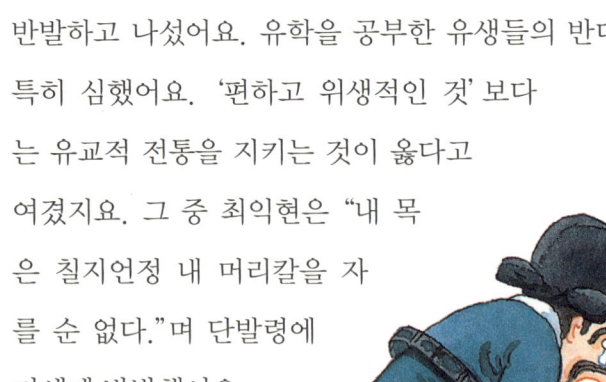
나, 최익현
폐하, 제 목은 자를지언정 상투를 자를 순 없사옵니다!

도저히 참을 수 없다!

> 국모의 원수를 갚자!
> 단발령을 철회하라!

　일본이 명성 황후를 시해하고 단발령까지 강요하자 우리 민족은 전국 곳곳에서 의병을 조직하여 일본과 친일 관리들로 구성된 정부에 저항했어요. 《백범일지》를 보면 김구 선생도 압록강 건너 만주 삼도구에서 활동한 김이언의 의병에 가담했음을 알 수 있어요.

　청나라의 장수 서옥생의 아들과 작별하고 대엿새 뒤 김이언의 근거지인 삼도구에 도착했습니다. 그리고 나와 먼저 와 있던 김형진은 김이언의 의병 봉기에 가담하기로 했습니다. 우리는 초산, 위원 등지로 숨어 다니며 포수를 모으는 일과 강계성에 들어가서 화약을 사 오는 일을 맡았습니다.

57

을미의병을 일으킨 유생들

김이언은 평안북도의 강계, 초선, 위원 등지의 포수들과 압록강 건너 만주 땅의 사냥총을 가진 우리 동포들을 모집하여 약 300명의 무장한 의병 부대를 만들었어요. 의병 부대를 일으킨 명분은 국모가 일본의 손에 시해되었으니 그 원수를 갚는다는 것이었지요. 김구 선생은 김이언의 의병에 참여하여 압록강 변에 있는 초산, 위원 등지의 포수들을 모아 의병에 가담시키는 일을 맡았어요. 김이언의 부대는 평안북도 강계성을 공격했으나 매복하고 있던 관군과 일본군에게 기습 공격을 당하여 패하고 말았지요.

한편, 국내에서도 을미사변과 단발령으로 반일 감정이 깊어질 대로 깊어져 경기, 충청, 경상, 전라 등 곳곳의 유생들이 의병을 일으켰답니다. 충청북도 제천의 유인석, 강원도 춘천의 이소응이 대표적인 의병장이었어요. 유생 의병장 아래 모여든 의병의 대부분은 농민들이었어요. 그중에는 동학 농민 운동에 참여했던 농민들도 많았답니다. 전봉준이 체포되어 처형된 후 해산한 농민군들이 의병에 대거 가담했던 것이지요.

하지만 의병들은 아관파천 이후 조금씩 사그라들기 시작했어요. 친러 세력이 정권을 잡으면서 단발령의 철폐와 함께 의병의 해산을 권고하는 조칙을 내렸기 때문이에요. 김구 선생이 치하포에서 일본인 자객을 죽인 것도 을미의병이 활발하게 일어나던 바로 그때였답니다.

> 국모의 원통함을 생각하면 이가 갈리는데 참혹한 일은 더욱 심해져서 나라의 임금이 머리를 깎아야 하는 지경에 이르렀으니……

나 의병장 유인석

고종이 러시아 공사관으로 거처를 옮기다

명성 황후를 시해한 후 일본은 친일 관리들을 통해 단발령을 포함한 을미개혁을 진행했어요. 백성들 사이에서는 반일 감정이 점점 더 퍼져 나가 전국에서 의병이 일어났어요. 그런 상황 속에서 고종은 일본의 영향력에서 벗어나는 방법으로 미국과 러시아의 도움을 얻고자 했어요. 러시아는 병력을 증강하여 공사관의 수비를 강화한 뒤, **파천***을 해도 좋다는 응답을 주었어요. 이에 고종은 1896년 2월 11일 새벽, 경복궁의 서쪽 문인 영추문을 빠져나가 러시아 공사관으로 거처를 옮겼어요. 이것을 '아관파천'이라고 해요.

고종의 아관파천 사실을 뒤늦게 알아차린 일본은 깜짝 놀랐으나 러시아와 대립할 수는 없었어요.

일본의 손아귀에서 벗어난 고종은 파천 직후에 새로운 관리들로 내각을 구성했어요. 그리고 친일 관리인 김홍집, 김윤식, 어윤중, 정병하, 유길준 등은 역적 죄로 체포하여 사형시키라고 명령했지요. 새롭게 구성된 친러 내각은 단발령을 철회하고 의병들에게는 해산을 권고해 조금씩 안정을 찾는 듯했어요.

하지만 아관파천이 우리 민족에게 결코 좋은 일은 아니었어요. 서양 열강들의 정치적, 경제적 침탈 위협은 여전히 남아 있었거든요. 실제로 아관파천을 전후한 시기에 철도 부설권, 광산 채굴권, 어업권, 삼림 채벌권 등이 러시아, 미국, 프랑스, 영국, 일본에게로 넘어갔어요. 자원 개발에 관한 각종 이권들을 서양 열강 국가들에게 빼앗긴 것이지요.

옛 러시아 공사관 건물의 일부
1890년에 세워진 건물로 2층 본관과 3층 탑으로 이뤄져 있었어요. 한국 전쟁 때 파괴되어 지금은 3층 탑 부분만 남아 있어요.

파천
왕이 궁을 떠나 다른 곳으로 피난하던 일을 말해요.

러시아 공사관에 있는 고종
2층 난간에 흰옷을 입고 앉아 있는 사람이 고종이에요.

제4장 감옥에서 〈독립신문〉을 읽다

1세	5~7세	9세	17세	19세
김구 선생 태어나다.	아버지의 숟가락으로 엿을 사 먹다.	할아버지 장례식을 치르다.	과거장에서 매관매직과 부정의 현장을 본 뒤 서당 공부를 중단하다.	동학 농민 운동에 참여하다.
1876	**1880~1882**	**1884**	**1892**	**1894**
강화도 조약 체결	임오군란(1882)	갑신정변		동학 농민 운동 청일 전쟁 갑오개혁

치하포 사건이 일어난 지 3개월이 지난 어느 날 아침,
김구 선생의 고향 마을에 몽둥이와 쇠줄을 손에 든 낯선 사람들이 몰려왔어요.
그들은 곧 김구 선생의 집을 에워쌌어요. 이른 아침이라 먼저 잠을 깬
김구 선생의 어머니가 이를 알아채고 아들에게 알렸지요.
그들은 경무청에서 나온 순검과 사령들이었답니다.
이제 막 잠에서 깬 김구 선생을 발견한 그들은 쇠줄로 여러 겹 묶어서 해주의
감옥으로 끌고 갔어요. 한 명, 두 명, 세 명 ······.
세어 보니 서른 명이나 되는 순검과 사령이 김구 선생을 잡으러 왔어요.
한 명을 체포하는 데 많이도 왔지요.
국모의 원수를 갚기 위해 일본인을 죽인 일을 아주 흉악한 범죄로 여긴 것 같아요.
이로써 김구 선생이 탈옥할 때까지 2년에 걸친 감옥 생활이 시작되었어요.
김구 선생이 감옥에 있는 동안 우리나라에는 어떤 일들이 있었을까요?

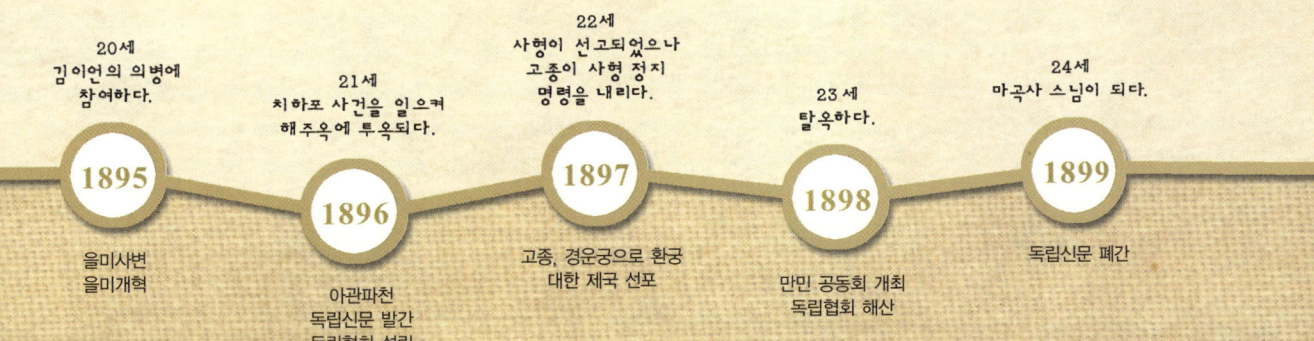

20세
김이언의 의병에
참여하다.

21세
치하포 사건을 일으켜
해주옥에 투옥되다.

22세
사형이 선고되었으나
고종이 사형 정지
명령을 내리다.

23세
탈옥하다.

24세
마곡사 스님이 되다.

1895
을미사변
을미개혁

1896
아관파천
독립신문 발간
독립협회 설립

1897
고종, 경운궁으로 환궁
대한 제국 선포

1898
만민 공동회 개최
독립협회 해산

1899
독립신문 폐간

백범일지 들여다보기

1896년

치하포 사건 이후 석 달여 동안 잠잠했습니다. 그러다 5월 11일 새벽, 어머니가 급히 사랑문을 열고 말씀하셨습니다.

"얘야, 우리집 주위로 못 보던 사람들이 수없이 와서 둘러싸는구나."

어머니의 말이 끝나기가 무섭게 수십 명의 사람들이 쇠줄과 몽둥이를 들고 달려들며,

"네가 김창수*냐?"

고 물었습니다.

"그렇소. 무슨 일로 이렇게 요란스럽게 남의 집에 침입하는 거요?"

그들은 그제야 체포 영장을 보여 주었습니다. 나는 쇠줄로 여러 겹 묶여서 해주로 향했습니다. 나를 끌고 가는 순검과 사령은 모두 30명이나 되었습니다. 동네 20여 가구가 모두 친척간이지만, 무서워서 아무도 밖을 내다보지 못했습니다. 이틀 뒤에 해주 감옥에 갇혔습니다.

……

하루는 아침에 〈독립신문〉을 읽으니, 살인 강도 김창수를 교수형에 처한다는 기사가 났습니다. 나는 그 기사를 보고도 놀라지 않았습니다. 처형대로 갈 시간이라야 한나절밖에 남지 않았지만, 평상시처럼 먹고 책 읽고 사람들과 얘기하며 시간을 보냈습니다. 저녁 여섯 시쯤 되자 여러 사람의 발자국 소리에 이어 옥문이 열리는 소리가 들렸습니다. 안쪽 문이 열리기도 전에 외치는 소리가 들렸습니다.

"이제 살았소! 우리는 아침부터 밥 한 술 못 먹고 우리 손으로 김창수를 어찌 죽이나 한탄만 하고 있었소. 그런데 지금 황제 폐하께서 감리 영감을 부르시어 김창수의 사형을 중지하라는 명령을 내리셨소. 그리고 당장 가서 김창수에게 이 소식을 알려 주라고 해서 왔소."

나는 생각해 보았습니다.

'황제께서 사형 중지 명령을 내린 것은 나를 죄인으로 보지 않는 것이다. 인천항의 물상객주*들이 나를 도와주는 것이나 김주경이 나를 위해 석방 운동을 하는 것으로 보아 동포들도 내가 살기를 원하는 것이 분명하지 않은가! 내가 죽기를 바라는 것은 오직 왜적들뿐이다. 왜적들을 기쁘게 하기 위해 내가 옥중에서 죽는다면 아무 의미 없는 일이 아닌가?'

*김창수 : 개명하기 전 김구 선생의 이름.
*물상객주 : 장사치를 집에 머물러 묵게 하거나 그들의 물품을 소개하는 일 또는 그 사람.

생각하고 또 생각하여 나는 마침내 탈옥을 결심했습니다. 우선 조덕근을 포섭했습니다. 탈옥시켜 주겠다면서 돈 200냥을 들여오게 했습니다. 다음에는 아버지에게 면회를 청하여, 삼지창을 들여보내 달라고 요청했습니다. 아버지는 얼른 알아들으시고 그날 저녁 새 옷 한 벌에 삼지창을 싸 들여 보냈습니다.

그날 오후, 나는 당번하는 간수를 불러 150냥을 건넸습니다. 그리고 오늘 밤 내가 죄수들에게 한턱을 낼 테니 쌀과 고기와 술 한 통을 준비해 달라고 부탁했습니다. 죄수들은 주렸던 창자에 고깃국과 술을 실컷 먹고 흥이 났습니다. 죄수들은 노래하느라 야단들이고, 모두들 정신을 놓고 있었습니다. 나는 이 방 저 방 왔다 갔다 하다가 슬쩍 마루 밑으로 들어가서 바닥에 깐 벽돌을 창끝으로 들춰 내고 땅을 파서 밖으로 나왔습니다.

그 순간, 함께 탈옥하기로 한 사람들을 외면할 수는 없다는 생각이 들었습니다. 나는 나온 구멍으로 다시 들어가서 천연덕스럽게 자리로 돌아가 앉았습니다. 나는 조덕근 등을 하나씩 불러 나가는 길을 일러 주었습니다. 나는 마지막에서 다섯 번째로 나왔습니다.

들어온 지 2년 만에 인천 감옥을 나온 것입니다.

1896 독립신문 창간

세상의 소식을 백성들에게 알리다

　김구 선생은 감옥에 있는 동안에도 바깥소식들을 알 수 있었어요. 어떻게 그것이 가능했을까요? 간수들이나 새로 들어오는 죄수들에게도 전해 들었겠지만, 《백범일지》에 의하면 〈독립신문〉을 읽었다는 사실을 알 수 있어요. 김구 선생이 체포된 시기와 〈독립신문〉이 발간된 시기가 거의 비슷했거든요. 자신이 사형에 처해질 것이라는 깜짝 놀랄 소식도 〈독립신문〉을 통해서 알게 되었답니다. 그 소식이 신문에 보도되자 김구 선생을 아는 사람들이 안타까워하며 면회를 왔다고 해요.

　그렇다면 〈독립신문〉은 어떤 신문이었을까요?

　〈독립신문〉은 1896년 4월 7일에 제1호가 발간되었어요. 고종이 경복궁을 떠나 러시아 공사관에 머무를 때였지요.

1896년 4월 7일에 창간한 〈독립신문〉

나 서재필은 12년 전 김옥균, 박영효 등의 개화당과 함께 갑신정변에 참여한 후 미국으로 망명했다가 31살이 되어서야 귀국했답니다.

"그전 인천 재판소에서 잡은 강도 김창수는 자칭 좌통영이라 하고 일상 토전양양(土田讓亮, 스치다)을 때려 죽여 강에 던지고 재물을 탈취한 죄로 교수형에 처하기로 하고……"

김구 선생의 사형 소식이 실린 〈독립신문〉

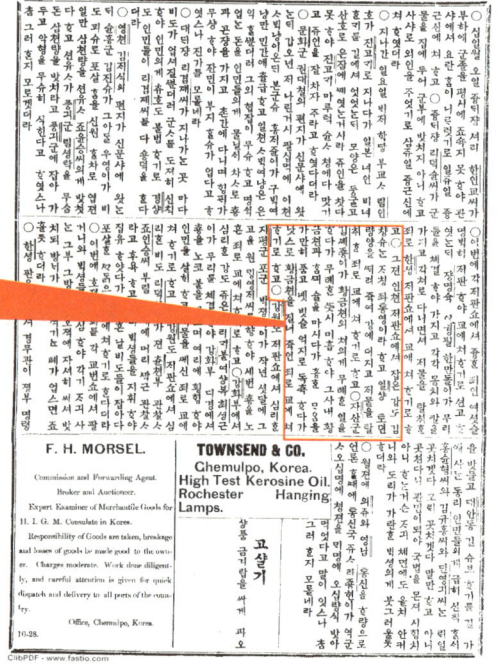

〈독립신문〉은 미국에서 귀국한 서재필이 정부의 재정 지원을 받아 발간했어요. 특징은 신문의 모든 기사가 한글로 작성되었다는 것이에요. 왜 그랬을까요? 한자를 모르는 일반 백성들도 신문을 읽

〈독립신문〉 기사 검색!

한국 언론 재단에서 운영하는 '미디어 가온 http://www.kinds.or.kr'에서는 옛 신문들의 내용을 검색해 볼 수 있답니다. 그 당시에 재미있는 사건들, 광고들, 사람들이 생활하던 모습들을 직접 검색하여 알아보세요.

을 수 있도록 하기 위해서였어요. 많은 사람들이 신문을 읽어 생각을 깨우쳐야 세상을 바꿀 수 있다고 생각했기 때문이지요. 다시 말하면 백성들이 똑똑해져야 열강의 침략을 물리치고 자신들의 권리를 키워 나갈 수 있는 강한 나라가 될 것이라고 믿었던 것이에요. 〈독립신문〉 창간호에도 그 뜻을 분명히 밝히고 있어요.

모든 사람들이 쉽게 읽을 수 있는 〈독립신문〉은 이틀에 한 번씩 발간되다가 1898년부터 일간지로 바뀌었어요.

김구 선생은 감옥에서도 〈독립신문〉을 구해서 읽으며 세상 돌아가는 이야기를 알 수 있었답니다.

이전에 발행되었던 〈한성순보〉(한문)나 〈한성주보〉(국한문 혼용)와는 달리 〈독립신문〉은 한글로 되어 있어서 한자를 배우지 않은 일반인들도 쉽게 읽을 수 있었어요.

〈한성순보〉

〈독립신문〉 영문판

〈독립신문〉의 마지막 1면은 영문판이었어요. 그것은 외국 공사관이나 외국인들에게 우리의 사정을 알리기 위한 목적이었어요.

국민의 뜻을 한데로 모으다

서재필과 독립협회 이야기를 조금 더 해 볼까요? 아직 김구 선생이 감옥에 있을 때의 이야기예요.

〈독립신문〉을 발간한 서재필은 다른 개화 지식인들과 함께 또 하나의 야심찬 계획을 준비했어요. 영은문을 헐고 그 자리에 독립문을 세우자는 것이었어요. 자주독립에 대한 국민의 뜻을 한데로 모으기 위해서였지요. 청의 사신을 맞이하던 영은문을 허문다는 것은 청에 대한 사대주의를 벗어 버리겠다는 의지를 보여 주는 것이었어요.

국민의 뜻을 모으는 일은 공사비를 마련하는 것부터 시작되었어요. 부자들이 목돈을 낸다면 짧은 시간 안에 더 크고 웅장하게 지을 수 있었겠지만 그 방법을 택하지 않았어요. 각계각층의 사람들에게 개인 사정에 맞춰 기부금을 거두기로 했지요. 국민 개개인에게 기부금을 거두면 독립에 대한 국민의 염원을 하나로 모은다는 뜻을 살릴 수 있었거든요. 그 일을 위해 만들어진 단체가 바로 독립협회였답니다. 〈독립신문〉이 발간되고 3개월 후인 7월 2일에 설립했어요.

독립협회는 독립문과 함께 독립 공원을 조성하고 청의 사신을 접대하던 모화관을 독립관으로 바꾸는 일도 추진하였어요. 러시아 공사관에 머물던 고종도 이 일에 동의하고 적극적으로 후원했지요. 독립문 건립 기부금을 낸다는 것은 독립협회 회원으로 가입한다는 의미였어요. 〈독립신문〉을 보면 기부금

1896년 7월 7일자 〈독립신문〉
독립문 건립 지원금을 모금한다는 내용의 신문 기사예요.

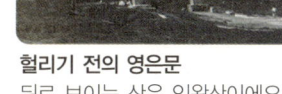

완공된 독립문
독립문 앞에 있는 두 개의 기둥은 영은문의 흔적이에요.

헐리기 전의 영은문
뒤로 보이는 산은 인왕산이에요.

지금의 독립문
지금은 주변 일대가 서대문 독립 공원으로 조성되어 있어요. 안에는 서대문 형무소 역사관도 있답니다.

을 낸 사람들은 왕실에서부터 일반 백성들까지 다양했으니 자주독립에 대한 국민의 소망이 얼마나 컸는지 가히 짐작할 만하지요.

독립문은 1896년 11월 21일에 공사를 시작하여 1년 뒤인 1897년 11월 20일에 완공했답니다.

자주독립, 민권 성장을 위해 힘쓰다

독립협회의 활동은 〈독립신문〉을 발행하고 독립문을 세우는 것에 그치지 않았어요. 아관파천과 열강의 이권 침탈이라는 상황 속에서 자주독립과 백성들의 권리를 키우는 일에 초점을 맞춘 여러 활동들을 전개했지요. 어떤 활동을 했는지 알아볼까요?

먼저 〈독립신문〉과 토론회를 통해 국민들을 계몽하는 데 힘썼어요. 10여 년 전 갑신정변(1884년)이 실패한 요인을 국민의 지지 부족이라 생각한 서재필은 국민의 힘이 개혁에 꼭 필요하다고 여겼어요. 그래서 토론회를 자주 열어 국민의 자주독립 의식을 고취시키고 국민이 직접 정치에 참여해야 함을 일깨워 주었어요.

다음으로 고종의 환궁을 요구했어요. 러시아 공사관에 가 있는 고종에게 궁궐로 돌아오라는 요구였지요.

> **독립협회의 활동**
> 1. **자주 국권 운동**
> 〈독립신문〉 발행과 독립문 건립을 통해 국민의 자주 의식을 높이려 함.
> 2. **자강 개혁 운동**
> 입헌 군주제로 개혁할 것을 주장하고, 학교 설립을 통한 신교육을 주장함.
> 3. **자유 민권 운동**
> 국민 참정권을 요구하여 국민의 자유와 평등 및 국민 주권의 확립을 추구함.

독립협회의 이런 활동들이 가능했던 것은 국민들을 계몽해서 적극적으로 참여시켰기 때문이에요. 토론회와 〈독립신문〉의 힘이었죠.

당시로서는 절실한 활동이었던 것 같아요.

독립협회는 자주 국권, 자유 민권, 자강 개혁을 통해 국권을 강화시키려 했어요.

환궁은 많은 국민의 뜻이기도 했거든요. 고종은 일본의 손아귀에서 벗어나 생활하는 것이 좋긴 했지만 환궁에 대한 국민의 여론이 강해지자 덕수궁(경운궁)의 수리를 지시하여 환궁 준비를 했답니다. 그리고 아관파천 이후 딱 1년 만에 덕수궁으로 돌아왔어요. 그런데 왜 경복궁으로 돌아가지 않았냐고요? 덕수궁이 있는 정동 지역은 미국, 영국, 러시아, 프랑스 등의 공사관들이 모여 있어 일본의 영향력으로부터 벗어나기에 비교적 적합한 곳이었거든요. 물론 그 나라들이 순수하게 조선의 이익을 위해 도와준 것은 아니었지만요. 고종은 환궁한 뒤 국호를 '대한 제국'으로 고치고 황제 즉위식을 거행했어요.

고종 황제 즉위식
고종은 국호를 대한 제국이라 칭하고 황제의 자리에 올랐어요.

또 독립협회는 열강들의 경제적, 정치적 침략에 대해서도 강하게 비판했답니다. 고종이 러시아 공사관에 있는 동안 철도 부설, 삼림 벌채, 광산 개발, 어업 자원 등에 대한 여러 이권들이 서구 열강에게 넘어갔어요. 독립협회는 이를 비판함과 동시에 더 이상의 침략은 안 된다고 주장했어요. 그 결과 러시아의 절영도 조차* 요구를 좌절시켰고, 경성(서울)에 설치되었던 한러 은행도 폐쇄시켰지요.

더 나아가 정치 체제의 개혁까지 요구했어요. 황제가 절대권을 가진 체제에서 입헌 군주제로의 전환을 요구했지요. 국민의 대표를 뽑아 의회를 구성한 뒤 황제의 절대 권력을 견제하는 체제로 개혁하자는 것이었어요. 하지만 아쉽게도 이 요구는 황제권이 약해지는 것을 우려한 보수파 정치인들과 고종의 반대로 이루어지지 못하고 오히려 독립협회가 탄압받는 이유가 되었답니다.

절영도 조차
1898년 러시아는 러시아 군함이 사용할 석탄을 보관하기 위해 절영도(지금은 부산 영도)를 빌려 달라고 했어요. 절영도를 일정 기간 사용하게 해 달라고 조선 정부에 요구했지만 독립협회의 활동으로 거절당했지요.

백정이 양반들을 앞에 두고 연설하다

"러시아는 물러가라!"

"우리의 국권을 지키자!"

1898년 3월 10일 오후 2시, 종로 한복판은 수많은 사람들의 외침으로 가득했어요. 독립협회 활동의 결과가 마침내 만민 공동회로 나타난 거예요. 오늘날의 촛불 집회를 떠올리면 그 당시의 상황을 머릿속에서 재현해 볼 수 있을 거예요.

만민 공동회는 우리나라 최초의 민중 집회라고 볼 수 있어요. 농민들이 일으킨 민란이나 양반 유생들이 올린 상소 등의 방법과는 다른 형태였지요. 참여한 사람들도 상인, 학생, 지식인 등 다양한 계층이었어요. 신분이라는 개념은 더 이상 적용되지 않는 분위기였지요.

1차 만민 공동회 회장으로 추대된 현덕호는 쌀 장수였어요. 또 연설을 한 사람도 이상재, 서재필, 이승만 등의 지식인만이 아니었어요. 개막 연설을 한 박성춘은 천민 중에서도 천민이라고 무시당하던 백정 출신이었지요. 쌀 장수가 회장을 하고 소, 돼지를 잡던 백정이 수많은 사람 앞에서 연설하는 세상! 지금까지 여러분들이 알고 있던 조선 사회의 모습은 아니었어요. 이렇게 시대가 빠르게 변해 가고 있었답니다.

만민 공동회에서는 열강의 내정 간섭과 이권 침탈 등을 강력하게 비판했어요. 러시아를 비롯한 서구 열강들은 만민 공동회의 활동을 보고 깜짝 놀랐다고 해요. 그 결과 러시아는 군사 교관과 재정 고문을 철수시겼고, 절영도 조차 요구도 철회했지요. 그해 10월에는 정부의 고위 관리들까지 참석했어요. 그래서 관민 공동회라고 하지요. 그 집회에서는 국권 수호, 민권 보장, 정치 개혁의 내용이 담긴 '헌의 6조'를 결의하여 고종의 승인을 얻기도 했어요. 하지만 보수 정치인들의 모함에 넘어간 고종은 독립협회를 부정적으로 여기기 시작했어요. 이에 정부에서는 보부상들로 구성된 황국협회를 앞세워 만민 공동회를 공격하고, 독립협회와 만민 공동회의 주요 인물들을 체포하는 등의 탄압을 했어요. 그러다 결국 1898년 12월 25일에 만민 공동회 금지령과 함께 독립협회를 해산시켰답니다.

만민 공동회는 만 명이 모인 것이 아니라 신분에 관계없이 수많은 사람들이 모였다는 뜻이에요.

만민 공동회
만민 공동회에서 연설을 한 사람은 지식인만이 아니었어요. 상인, 학생, 백정 등 다양했어요.

김구 선생이 스님으로 있던 공주 마곡사예요.

독립협회가 해산됨에 따라 〈독립신문〉도 1899년 12월 4일에 폐간되었고, 만민 공동회도 더 이상 열리지 않게 되었어요. 우리 국권을 지키려는 노력이 이어지지 못하게 된 안타까운 순간이었지요.

아, 〈독립신문〉부터 시작하여 독립협회 해산까지 이야기하다 보니 김구 선생을 잠깐 잊고 있었네요. 독립협회의 활동이 활발하게 전개되고 있을 무렵 김구 선생은 옥에 갇혀 있었답니다. 그래서 직접적으로 독립협회 활동에 참여하지는 못했어요. 물론 종로 한복판에서 개최된 만민 공동회에도 참석하지 못했지요. 하지만 〈독립신문〉에 실린 기사를 통해 독립협회의 활동을 알고는 있었겠지요. 지금까지 함께 본 〈독립신문〉의 기사들을 김구 선생도 보았다고 생각하면 여러분이 마치 김구

인천항 감옥서 죄슈 즁에 해쥬 김챵슈는 나이 이십 셰라 일본 사룸과 상관된 일이 잇서 갓쳐 지가 삼년인 듸 옥 속에셔 쥬야로 학문을 독실히 ᄒ며 ᄯᅩ 다른 인 들을 권면 ᄒ야 공부들을 식히는듸 그 즁에 량봉구는 공부가 거의 셩가 되고 김챵슈와 량봉구는 범 문법 ᄒ야 죄인둘도 만히 감복 ᄒ야 학문들을 ᄒ니 감옥셔가 아니라 인천항 학교라고들 ᄒ다나 인천 감리셔 쥬사 명션은 좌슈들을 우례로 대쟈 ᄒ야 무관과 총순은 감옥셔 학문을 힘쓰게 ᄒ는 그 긔명훈 ᄆᆞ음을 우리 는 깁히 치샤 ᄒ노라

1898년 2월 15일자 〈독립신문〉
김구 선생이 탈옥하기 몇 주 전의 기사예요. 김구 선생이 인천 감옥에 들어온 뒤로 감옥이 학교처럼 바뀌었다는 내용을 담고 있어요.

선생과 같은 시대를 살았던 것 같은 느낌을 가질 수 있을 거예요.

   김구 선생은 만민 공동회가 최초로 열릴 무렵인 1898년 3월, 2년 동안 갇혀 있던 감옥을 탈옥했어요. 그 뒤 삼남 지방으로 도피하던 중 공주 마곡사로 들어가 1년여 간 스님으로 지냈답니다.

제5장 **나라를 빼앗기고**

21세
치하포 사건을 일으켜
해주옥에 투옥되다.

1896
아관파천
독립신문 발간
독립협회 설립

22세
사형이 선고되었으나
고종이 사형 정지
명령을 내리다.

1897
고종, 경운궁으로 환궁
대한 제국 선포

23세
탈옥하다.

1898
만민 공동회 개최
독립협회 해산

27세
약혼하다.

1902
제1차 영일 동맹

28세
기독교에 입문하다.

1903

탈옥에 성공하여 공주 마곡사의 스님으로 지내던 김구 선생은
그 이듬해 가을 머리를 기르고 다시 고향인 황해도 해주로 돌아왔어요.
그러고는 해주에서 가까운 강화도에서 훈장을 하며 아이들을 가르치기도 하고,
옛 스승과 만나 나라의 정세에 대해 논쟁을 벌이기도 하였지요.
민족의 앞날을 염려하는 의젓한 20대 청년의 모습으로요.
그리고 25세가 되던 1900년에 김창수에서 김구로 이름을 바꾸었어요.
그 뒤 김구 선생은 기독교에 입문하여 기독교 단체에서 추진하던
구국 운동에 적극적으로 참여했지요.
그때 기독교에서는 선교 활동과 함께 신교육을 장려하고 있었거든요. 김구 선생이
기독교에 들어갈 무렵 조선을 둘러싼 러시아와 일본 사이의 대립은 더욱 심해졌어요.
결국 1904년, 양국 사이의 전쟁이 시작되었지요. 그 당시 김구 선생은 서울에
있었답니다. 그 이유는 그러한 한반도 주변의 상황과 관계가 있었지요.
그럼, 그 이야기부터 해 볼까요?

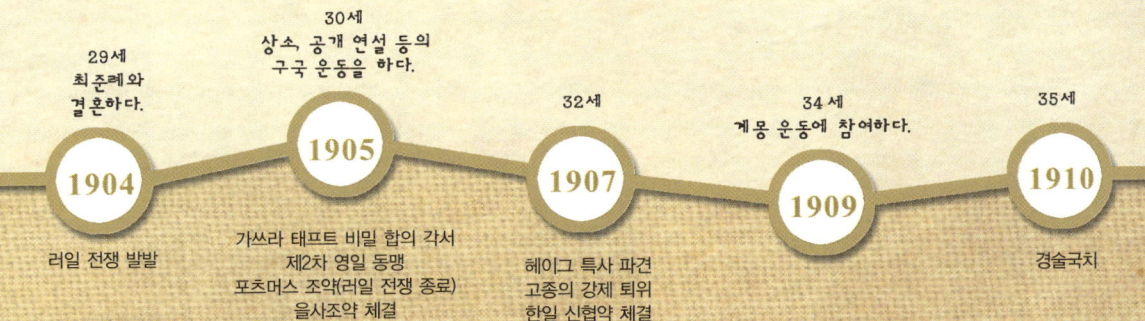

백범일지 들여다보기

1905년

1905년 11월 17일, 을사 5조약이 체결되었습니다. 경기, 충청, 경상, 황해, 강원도 등 사방에서 지사들이 나라를 구하는 길을 찾아다니고, 벼슬을 하지 않는 학자들이 의병을 일으켰습니다. 하지만 구체적인 계획은 없고 울분만 품은 탓인지 여러 곳에서 실패했습니다.

나는 기독교 계통인 진남포 엡윗 청년회의 총무직을 이어 맡아 청년회 대표로 서울 상동 교회로 파견되었습니다. 당시 각 도의 청년회 대표가 모였습니다. 겉으로는 교회 사업이었지만, 실제는 애국 운동이었습니다. 의병을 일으킨 산림*학자들의 생각이 구사상이라면, 애국 운동을 하는 예수교인들의 생각은 신사상이었습니다.

상동 교회에 모여서 논의한 결과 상소를 하기로 했습니다. 상소문은 이준이 쓰고, 첫 번째 대표자는 평양의 최재학으로 정했으며, 그 밖에 네 명을 더하여 다섯 명이 국민의 대표 명의로 상소문에 서명했습니다. 상소하면 사형될 것이 분명했습니다. 하지만 사형되더라도 또 다섯 사람씩 계속 상소하기로 했습니다.

정순만의 인도로 교회당에서 맹세의 기도를 올리고 모두 대한문 앞으로 나갔습니다. 서명한 다섯 사람이 궐문 밖에서 형식상으로 회의를 열어 상소를 의결하였지만 상소장은 이미 별감들의 협조로 왕에게 올린 상태였습니다. 그런데 갑자기 왜놈 순사대가 습격했습니다. 다섯 사람이 일시에 왜놈 순사들에게 덤벼들며 내정 간섭을 규탄했습니다. 총검을 번쩍이는 왜놈 순사들과 맨주먹 다섯 사람의 싸움이 시작되었습니다. 주위에서 그들을 호위하던 우리는 고함을 지르며 여기저기서 격분에 찬 연설을 했습니다.

"왜놈이 국권을 강탈하고 조약을 강제로 체결하는데, 우리 인민은 원수의 노예가 되어 살 것인가, 의롭게 죽을 것인가?"

마침내 다섯 사람은 경무청에 구금되었습니다. 하지만 신문하는 것을 보니 훈방할 모양이었습니다.

11월 30일, 우리는 상소를 멈추고 종로에서 공개 연설을 하기로 했습니다. 금지당하면 대대적으로 육박전*을 벌이기로 했습니다. 연설이 시작되자 일본 순사가 칼을 뽑아들었습니다. 연

*산림 : 산림처사의 준말로, 학덕은 높으나 벼슬하지 않고 은거하던 선비를 말함.
*육박전 : 적과 직접 맞붙어서, 치고받는 싸움.

설하던 청년이 순사를 발로 차서 땅에 거꾸러뜨리자 왜놈들이 총을 쏘기 시작했습니다. 마침 어물전 도매점에서 화재가 난 뒤라 기왓조각이 산처럼 쌓여 있었습니다. 순사대를 향해 기왓조각을 던지면서 싸움이 시작되었습니다. 일본 순사들은 중국인 상점에 숨어서 총을 쏘았습니다. 사람들이 기왓조각을 중국 점포로 던지자 일본 보병 1개 중대가 포위해 공격을 시작했습니다. 인산인해를 이루던 군중들이 제각기 흩어지면서 한인 수십 명이 체포되었습니다.

    그날 민영환이 자결했습니다. 그 보도를 접하고 몇몇 동지들과 함께 민영환 집에 가서 조의를 표하고 큰 도로로 나올 때였습니다. 사십 안팎쯤 되어 보이는 사람이 흰 명주 저고리에 갓 망건도 없이 맨 상투 바람으로 여러 사람에게 호위되어 인력거에 실려 갔습니다. 그 사람은 온몸에 핏자국이 얼룩덜룩한 채 크게 울부짖고 있었습니다. 누구냐고 물으니, 의분을 못 이겨 자결하려다가 미수에 그친 참찬 이상설이라고 합니다.

1904~1905 러일 전쟁

또 한 번의 전쟁터, 러시아와 일본이 싸우다

조차
조약에 의해 다른 나라로부터 영토를 빌리는 행위예요. 그 대가를 지불하기도 하고 그렇지 않기도 했지요. 일종의 식민 행위라고 할 수 있지요.

아관파천과 대한 제국의 선포 이후에 계속되던 러시아와 일본 간의 대립이 점점 격해지기 시작했어요. 러시아가 대한 제국에 대한 영향력을 키우고, 삼국 간섭 이후에 일본이 반환한 랴오둥 반도를 조차* 하여 군대를 주둔시켰으니, 일본의 감정이 좋을 리 없었지요. 일본은 삼국 간섭 이후 10년 동안 한반도 주변 지역에서 러시아를 몰아내기 위해 군사력을 키우고 외교력을 강화시켜 왔어요. 러시아와 대립하고 있던 영국과 동맹을 맺은 것도 그때였어요(제1차 영일 동맹, 1902년).

1904년 2월 8일 밤, 일본의 함대가 제물포항과 뤼순 항에 정박 중이던 러시아 함대를 기습 공격했어요. 러일 전쟁을 알리는 신호탄이었지요. 선전 포고를 하지 않은 상태에서 국제법을 무시한 채 시작된 이 전쟁은 러시아 땅도, 일본 땅도 아닌 조선과 청나라 땅에서 벌어져 그 피해는 고스란히 조선과 청의 몫이었어요.

오른쪽 지도에 표시된 여러 지역에서 일본군이 승리하였

어요. 1905년 5월에는 쓰시마 해협에서 러시아의 무적 함대라고 이름난 발트 함대를 격파하여 승리를 굳혔답니다. 전 세계가 깜짝 놀란 사건이었지요.

한편 전쟁 발발 직전인 1904년 1월 21일에 대한 제국은 국외 중립을 선언했지만, 일본은 이를 완전히 무시하고 한반도를 전쟁터로 삼았을 뿐만 아니라 서울까지 점령했어요.

러일 전쟁과 콩나물

러일 전쟁과 콩나물이 무슨 관계가 있냐고요? 러일 전쟁 당시 뤼순에서 러시아군이 패한 이유 중의 하나가 비타민C 때문이었다고 해요. 일본군이 포위하는 바람에 채소를 공급받지 못한 러시아 군인들이 괴혈병으로 쓰러지기 시작한 거예요. 채소에서 얻을 수 있는 비타민C가 부족했던 것이지요. 그런데 당시 뤼순에는 집집마다 콩이 잔뜩 쌓여 있었다고 해요. 만약 러시아군이 그 콩으로 비타민C가 풍부한 콩나물을 길러서 먹었더라면 전투의 결과는 달라졌을 수도 있지 않았을까요?

러일 전쟁이 끝날 무렵 미국, 영국, 러시아가 모두 대한 제국에 대한 일본의 권리를 인정했어요. 이러한 분위기 속에서 을사조약이 강제로 체결되었답니다.

1905 을사조약

일본에게 나라의 외교권을 빼앗기다

러일 전쟁에서 승리한 일본은 그 전리품으로 러시아 땅이 아닌 랴오둥 반도를 비롯한 만주 지역과 대한 제국을 차지했어요. 먹잇감을 놓고 싸우다가 승자가 그 먹잇감을 차지하게 된 것이지요.

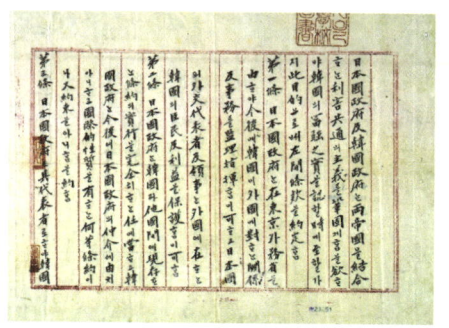

을사조약 조약문

이때 미국과 영국은 러일 전쟁을 지켜보며 한반도에 관심을 가지고 있었어요. 일본은 그런 미국과는 가쓰라 태프트 비밀 합의 각서를, 영국과는 제2차 영일 동맹을 체결하여 대한 제국에 대한 지배권을 인정받았어요. 이어서 러일 전쟁이 일본의 승리로 끝나자 미국의 포츠머스에서 강화 조약을 체결하여 러시아로 하여금 대한 제국을 포기하도록 만들었지요. 영국, 미국, 일본이 이미 동맹 관계에 있었고, 내부 사정에 의해 전쟁을 더 이상 할 수 없던 러시아는 한반도를 포기하는 강화 조약을 체결할 수밖에 없었어요. 이제 한반도 주변에서 일본을 견제할 나라가 없는 상황이 되었지요.

가쓰라 태프트 비밀 합의 각서(1905.6)
1. 일본은 필리핀에 대한 미국의 지배권을 확인한다.
2. 미국은 한국에 대한 일본의 지배권을 확인한다.
3. 극동 평화를 위하여 미국, 영국, 일본 세 나라가 실질적으로 동맹 관계를 맺는다.

나, 일본인

제2차 영일 동맹 (1905.8)
제3조 : 일본은 한국에 있어서 정치, 군사 및 경제적으로 탁월한 이익을 가지므로 영국은 일본이 그 이익을 옹호 증진시키기 위하여 정당 필요하다고 인정하는 지도, 감리 및 보호의 조치를 한국에 있어서 취할 권리를 승인한다.

나, 영국인

러일 강화 조약 (포츠머스 조약 1905.9)
제2조 : 러시아 제국 정부는 일본국이 한국에 있어서 정치, 군사 및 경제적으로 탁월한 이익을 가질 것을 승인하고 일본 제국 정부가 한국에 있어서 필요하다고 인정하는 지도, 보호 및 감리의 조치를 취함에 있어 이를 방해하거나 간섭하지 않을 것을 약속한다.

나, 러시아인

러일 전쟁 중에 체결된 한일 의정서와 제1차 한일 협약을 통해 이미 침략의 기반을 마련한 일본은 자신들이 계획한 대로 군대를 더 늘리고 이토 히로부미를 특사로 파견하여 제2차 한일 협약, 즉 을사조약을 체결하도록 강요했어요.

을사조약 체결 장면

이토 히로부미의 강요에 고종이 옥새를 순순히 내 주었을까요? 그렇지 않아요. 조약의 부당함을 주장하며 완강히 거부했어요. 하지만 이토 히로부미의 위협적인 태도는 변하지 않았어요. 오히려 조약이 체결되기 직전까지 대신들을 협박하고 회유하기를 쉬지 않았지요. 《매천야록》*에는 "일본군들이 덕수궁에 들어와 수옥헌을 포위하고 총칼을 수풀처럼 늘어세웠다."는 기록이 있어 당시 무시무시했던 회의장 주변의 분위기를 알 수 있어요.

결국 11월 18일 새벽, 협박을 이기지 못한 다섯 대신들은 찬성을 했어요. 을사오적으로 알려진 내부대신 이지용, 군부대신 이근택, 외부대신 박제순, 학부대신 이완용, 농상공부대신 권중현이었어요.

을사조약의 체결로 일본은 대한 제국의 외교권을 빼앗고 통감부를 설치하여 우리나라의 내정을 간섭하기 시작했어요. 일본의 동의 없이는 다른 나라와 조약을 체결하거나 외교 관계를 맺을 수 없게 된 것이에요. 이로써 나라를 빼앗긴 것이나 다름없는 상황이 되었지요.

매천야록
조선 말기 황현이 1864년(고종 1년)부터 1910년까지 40년간의 역사를 기술한 책이에요.

초대 통감으로 취임한 이토 히로부미

오호통재라, 고종이 황제 자리에서 강제로 물러나다!

을사조약의 체결 소식이 전해지자 모든 국민이 분노했어요. 유생들은 차가운 덕수궁 대한문 앞에 꿇어 엎드려 을사오적을 처단하라는 상소문을 올렸어요. 장지연은 〈황성신문〉에 '시일야방성대곡'이라는 논설을 실어 일본의 침략 행위와 을사오적의 매국 행위를 강하게 비판했어요. 상인들은 가게 문을 닫고, 학생들은 학교 수업을 거부하고 궁궐 앞으로 모여들었지요. 심지어 스스로 목숨을 끊은 사람도 있었어요. 고종을 모시던 시종무관장 민영환은 '대한 제국 2천만 동포에게 남기는 유서'를 남기고 자결했어요.

그때 마침 김구 선생도 경성(서울)에 와 있었기 때문에 민영환의 집에 조문을 갔지요. 돌아오는 길에는 이상설(훗날 헤이그 특사 중의

1905년 11월 20일자 〈황성신문〉의 논설 '시일야방성대곡'

덕수궁 대한문 앞에서 상소문을 올리는 유생들과 국민들

한 명)이 스스로 목숨을 끊으려다가 실려 갔다는 소식도 듣지요.

한편 나라가 위태로울 때마다 몸을 바쳐 싸웠던 의병도 전국에서 일어났어요. 의병장으로는 민종식, 최익현, 신돌석 등이 있어요.

이러한 반일 감정이 극에 달한 상황 속에서 고종은 을사조약 체결의 부당함을 전 세계에 알리고 대한 제국의 독립을 호소하기 위해 네덜란드 헤이그에서 열리는 제2차 만국 평화 회의에 특사를 비밀리에 파견했어요. 바로 '헤이그 특사'예요.

헤이그 특사
왼쪽부터 이준, 이상설, 이위종. 만국 평화 회의보 인터뷰를 통해 일제의 불법적 조선 침략을 폭로했어요.

세 명의 특사는 2개월에 걸쳐 시베리아를 가로질러 유럽 대륙의 끝 네덜란드 헤이그에 도착했어요. 그곳에서 만국 기자 협회에 참석하는 등 적극적으로 외교 활동을 펼쳤으나 일본의 방해로 본 회의장에는 들어가지 못했어요. 외교권이 없다는 이유 때문이었지요. 울분을 참지 못한 이준은 스스로 목숨을 끊고 말았어요.

일본은 헤이그 특사 파견의 책임을 물어 고종을 강제로 퇴위시키고 순종을 왕위에 앉혔어요. 이어서 한일 신협약을 체결한 뒤 재정이 부족하다는 이유로 군대까지 해산시켰지요. 10년 전 명성 황후를 시해한 일본은 한 나라의 황제까지 마음대로 바꾸는 침략적 행위를 벌인 것이에요.

헤이그 특사의 이동 경로
이준은 블라디보스토크에서 이상설을 만나 시베리아를 거쳐 러시아의 수도 상트페테르부르크에 가서 이위종을 데리고 헤이그에 도착했어요.

1910년 경술국치
원통하다, 국권을 빼앗기다!

초대 통감인 이토 히로부미는 1년 전인 1909년에 안중근에게 죽임을 당했고, 2대 통감인 소네 아라스케는 1910년 5월에 세상을 떠났어요. 이어서 데라우치 마사타케가 통감이 되었지요.

1907년에 고종을 강제로 퇴위시킨 일본은 이후 3년 동안 사법권과 경찰권까지 장악한 뒤 대한 제국의 모든 분야를 장악해 나갔어요. 이는 대한 제국을 식민지로 만들기 위한 마지막 과정이었지요. 이제 남은 것은 대한 제국의 주권을 완전히 빼앗는 일이었어요.

그런데 일본은 대한 제국의 주권을 강탈했다는 비난을 받지 않기 위해 친일 단체를 이용했어요. 이용구와 송병준이 지도부로 있던 일진회의 이름으로 한일 합방 청원서를 황제, 총리, 통감에게 제출하도록 했어요. 우리 민족이 한일 합방을 원했다는 것으로 조작하기 위해서였지요. 이어서 일진회의 합방 청원 운동에 2천만 동포가 적극적으로 참여해 줄 것을 호소하는 합방 성명서까지 발표하도록 했어요. 이에 수많은 국민과 〈대한매일신보〉, 〈황성신문〉 등의 신문들은 일진회를 강력하게 비판했지만 일본은 계획대로 침략을 진행했어요.

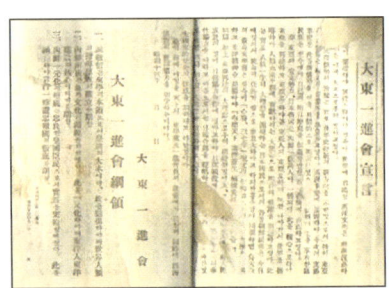

한일 합방 청원서

일본은 1907년 군대를 해산시켰고, 1909년에는 '남한 대토벌 작전'으로 의병들을 진압하였고, 1910년에는 경찰권까지 박탈하여 군사적인 저항을 할 수 없는 상황이었어요.

군인들과 경찰을 곳곳에 배치하여 우리 민족의 저항을 미리 막고 이완용 내각과 이른바 '한일 병합 조약'을 체결한 거예요. 1910년 8월 22일 오후 1시경 창덕궁에서 순종 황제와 대신들이 모여 어전 회의를 열었어요. 총리 대신 이완용은 나흘 전 내각 회의에서 통과시킨 조약안에 대해 설명했어요. 지난 내각 회의에서처럼 반대 의사를 밝히는 대신들은 아무도 없었기 때문에 그대로 통과시켰어요. 이완용은 즉시 어전 회의의 결과를 데라우치 통감에게 가서 보고한 뒤 전권 대사로서 조약을 체결했지요. 조약 1조의 내용처럼 '대한 제국

경술국치 발표 후에는 의병들이 일어나지 않았나요?

의 통치권을 완전히 또 영구히 일본에게 넘긴' 치욕적인 순간이었어요.

오백 년을 이어온 한 나라의 국권을 넘기는 일이 침략국의 군사적 위협 아래에서 일사천리로 진행된 것이에요. 이를 '경술년에 일어난 국가적 치욕'이란 뜻으로 '경술국치'라고 해요. 일본은 조약 체결의 사실을 일주일 동안 숨긴 뒤 8월 29일에 국권을 일본에 넘긴다는 순종의 칙유*와 함께 발표했어요. 이후 우리 민족은 36년간 일제의 식민 통치라는 어두운 터널을 지나게 되지요.

칙유
임금의 훈유(가르치어 타이름)를 백성에게 널리 알리는 일이에요.

하지만 '한일 병합 조약'은 강요에 의한 조약이었으며 순종의 친필로 날인하지 않아 무효라는 논란이 있답니다.

을사조약 체결 이후 일제의 국권 침탈이 속도를 내고 있을 때 김구 선생은 교육을 통한 민족 운동에 참여하고 있었어요. 학교를 설립하거나 교육 운동 단체를 만들고, 직접 학생들을 가르치고, 마을을 돌아다니며 강연회를 열어 사람들의 가슴에 민족 의식을 심어 주었어요. 그전까지 해 온 동학 농민 운동이나 의병 운동과는 다른 성격의 민족 운동에 참여한 것이지요. 이처럼 교육과 산업을 육성하여 우리 민족의 실력을 키우자는 민족 운동을 애국 계몽 운동이라고 한답니다.

병합(또는 합방)인가, 병탄인가?

대한 제국은 외국과 조약을 체결할 때 조약 문서에 반드시 국새를 찍고, 황제가 직접 서명하도록 돼 있었어요. 하지만 경술국치 당시에 작성한 문서에는 황제의 친필 서명이 없어요. 순종 황제는 1926년 4월 임종 직전 궁내부 대신에게 '병합 조약'이 자신의 뜻과는 상관없이 강제로 체결되었다는 사실을 말했어요.

"한 목숨을 겨우 보존한 짐은 병합 인준의 사건을 파기하기 위해 조칙하노니 지난날의 병합 인준은 강린이 역신의 무리와 더불어 제멋대로 해서 선포한 것이오. 다 나의 한 바가 아니라 오직 나를 유폐하고 나를 협제하여 나로 하여금 명백히 말을 할 수 없게 한 것으로 내가 한 것이 아니니 고금에 어찌 이런 도리가 있겠는가."
(샌프란시스코〈신한민보〉1926. 7. 8)

따라서 병합이나 합방이 아닌 '남의 재물이나 다른 나라의 영토를 한데 아울러서 자기 것으로 만듦'이라는 뜻을 가진 '병탄' 또는 '강제 병합'이라고 보아야 해요.

제6장 학교를 세우다

1896	1897	1898	1902	1903
21세 치하포 사건을 일으켜 해주옥에 투옥되다.	22세 사형이 선고되었으나 고종이 사형 정지 명령을 내리다.	23세 탈옥하다.	27세 약혼하다.	28세 기독교에 입문하다.
아관파천	고종, 경운궁으로 환궁 대한 제국 선포	〈황성신문〉 창간 〈제국신문〉 창간	제1차 영일 동맹	

32세가 된 해인 1907년 김구 선생은 고향 마을에서 환등회를 열었어요.
환등기를 켜 놓고 슬라이드 사진으로 강연을 할 때면 신식 기구를
보기 위해 많은 사람들이 모여들었지요.
김구 선생이 그 자리에서 절규하듯 외친 말이 있어요.
"양반도 깨어라, 상놈도 깨어라."
연설 가운데 짧은 말이었지만 그 자리에 있던 모든 사람의 마음에 와 닿는 강렬한
메시지였어요. 양반이든 상놈이든 신분에 관계없이 모두 깨우쳐야 한다는 뜻의
말이었지요. 외세의 침략으로 인한 위기 상황 속에서 2천만 모든 국민들이
깨우치고 뜻을 모아 나라를 구할 방법을 함께 찾아야 한다는 것이었어요.
김구 선생이 절규하듯 외치던 때로 가서 외침의 이유와 당시 애국지사들의
민족 운동에 대해 함께 이야기해 볼까요?

1904 — 29세 최준례와 결혼하다. / 러일 전쟁 발발 《대한매일신보》 창간

1905 — 30세 상소, 공개 연설 등의 구국 운동을 하다. / 을사조약 체결

1907 — 32세 / 헤이그 특사 파견 고종의 강제 퇴위 한일 신협약 체결·군대 해산 신민회 조직 국채 보상 운동

1909 — 34세 계몽 운동에 참여하다. 안중근 의거에 연루되어 투옥 후 풀려나다. / 안중근, 이토 히로부미 사살

1910 — 35세 서울에서 열린 신민회 비밀 회의에 참석하다. / 경술국치

백범일지 들여다보기

1909년

　친구들이 권유하여 안악읍에 새로 세워진 사립 양산 학교에서 근무하게 되었습니다. 양산 학교 학생들은 어려서 아직 나라에 대한 개념이 부족했지만 손두환은 남달랐습니다. 내가 장련읍에서 봉양 학교에 근무할 때 손두환은 단발하지 않은 초립둥이*였습니다. 손두환의 부친 손창렴이 늦게 낳은 아들이라 애지중지한 탓에 부모와 어른은 물론이요, 군수까지도 두환에게 '~해라.' 하는 말을 들었습니다. 어떤 사람이고 두환에게 높임말을 들어 본 사람이 없었습니다.
　황해·평안도 지방 풍습에는 성년이 될 때까지 부모에게 '~해라.' 하는 습속이 있었습니다. 나는 그 천한 습속을 고치려고 무척 애썼습니다. 두환을 살살 꾀어 학교에 입학하게 한 후, 어느 날 수신 시간에 학생 중에 아직 부모나 어른에게 '~해라.' 하는 이가 있으면 손을 들어 보라고 하자, 두환이를 포함해 몇 명 있었습니다. 수업이 끝나고 두환을 별실로 불러 꾸짖었습니다.
　"젖 먹는 아기가 부모나 어른께 높임말을 사용하지 못하는 것은 탓할 수 없지만, 너는 상투 짜고 초립을 쓰고서도 부모와 어른을 공경할 줄을 모르니 부끄럽지 않느냐?"
　그러자 두환이 물었습니다.
　"그러면 언제부터 높임말을 쓰면 됩니까?"
　"잘못인 줄 아는 시간부터 그리 해라."
　다음 날 이른 아침, 문 앞에서 '김구 선생님!' 하고 부르는 이가 있었습니다. 나가 보니 두환의 아버지 손창렴이었습니다. 하인에게 쌀 한 짐을 지우고 와서 문 안에 들여 놓고, 몹시 기뻐했습니다.
　"우리 두환이가 어제 저녁에 학교에서 돌아와 내게 높임말을 쓰고, 제 모친에게는 '~해라.'를 하다가 깜짝 놀라 '에고, 잘못했습니다.' 하고 말을 고치더니 '선생님 가르침'이라고 합디다. 선생님, 진지 많이 잡수시고 그놈 잘 가르쳐 주십시오. 밥맛 좋은 쌀이 들어와 좀 가져왔습니다."
　나도 기뻐서 웃었습니다.
　양산 학교를 세울 당시 아이가 있는 집을 방문하고 다니면서 학부형에게 '학생들의 머리를 깎지 않겠다.'는 다짐을 하고 아이들을 모았습니다. 그런데 어떤 아이들은 부모가 머리를 자주 빗어 주지 않아서 이와 서캐가 가득했습니다. 나는 할 수 없이 얼레빗과 참빗을 사다 두고 매일

*초립둥이 : 초립을 쓴 사내아이를 말해요. 초립은 가늘고 누런 빛깔이 나는 풀이나 말총으로 결어서 만든 모자예요.

몇 시간씩 학생들의 머리를 빗겼습니다. 점점 아이들 수가 늘어나 학과 시간보다 머리 빗기는 시간이 많아지다 보니, 하나둘씩 부모의 승낙을 얻어 머리를 깎아 주었습니다.

두환의 경우, 부친의 승낙을 구하려다가 도리어 퇴학시키겠다는 말을 들을까 해서 나는 두환이와 상의했습니다. 두환은 상투 짜는 것이 괴롭고 초립도 무거우니 머리 깎는 것이 소원이라 했습니다. 나는 두환의 머리를 깎아서 집으로 보낸 후 슬금슬금 따라가 보았습니다. 손창령은 눈물을 비처럼 쏟으면서 분이 머리끝까지 났으나, 더없이 사랑하는 두환을 심하게 꾸중하기는 싫기에 나에게 분풀이를 할 참이었습니다. 그런데 두환이가 내가 따라온 것을 보고 기뻐하자 분한 마음이 갑자기 어디로 갔는지 눈에서는 눈물이 뚝뚝 떨어지는데도 얼굴에는 기쁨이 가득해지는 것이었습니다.

"선생님, 이것이 웬일이에요? 내가 죽거든 머리를 깎아 주시지 않고."

"영감님께서는 두환이를 지극히 사랑하시지요? 나도 영감님 다음으로 사랑합니다. 나는 두환이가 목이 가는데 큰 상투를 짜고 망건으로 조르고 무거운 초립을 쓰는 것이 위생에 큰 방해가 되기 때문에 아끼고 사랑하는 마음으로 깎았습니다."

애국 계몽 운동, 실력으로 나라를 구하자

러일 전쟁을 지켜보면서 강한 나라만이 살아남을 수 있다는 것을 깨닫고, 일본을 물리치기 위해서는 실력을 길러야 한다고 생각했던 거예요.

을사조약 체결을 전후하여 당장 잘 훈련된 일본군과 맞서 싸우는 것은 한계가 있다고 생각한 사람들이 있었어요. 대신 교육 활동을 통해 인재를 양성하고 산업을 육성하여 실력을 쌓는 것이 더 중요하다고 판단했지요. 그렇게 차근차근 기른 실력과 힘으로 외세를 몰아내고 독립을 이루자는 것이었어요. 이런 민족 운동을 '애국 계몽 운동'이라고 해요. 이전 개화파 지식인들과 독립협회의 생각을 이어받은 것이었지요.

오산 학교를 세운 이승훈의 개교식 연설을 잠시 들어 볼까요? 애국 계몽 운동을 의병 운동과 비교해서 이해할 수 있을 거예요.

이승훈은 연설에서 '총을 든 사람, 칼을 든 사람'의 활동, 즉 의병

총을 든 사람, 칼을 든 사람

굶어 죽을지언정 적군이 주는 음식을 먹을 수는 없다!

나 최익현! 여러 번 등장하니 바쁘네.

개항 이후 동학 농민 운동으로부터 시작된 농민들의 무장 저항은 나라가 점점 위태로워지자 의병 활동으로 이어졌어요. 첫 번째가 을미사변과 단발령에 저항한 을미의병이었지요(1895년). 하지만 고종이 해산할 것을 권하자 곧 해산했어요. 그로부터 10년 후 을사조약이 강압적으로 체결되었을 때 민종식, 최익현, 임병찬 등의 유생들이 전국 곳곳에서 의병을 일으켰답니다. 의미 있는 것은 나라가 위기에 처했을 때마다 일어났던 유생들뿐만 아니라 신돌석과 같은 평민 출신 의병장들이 봉기하였다는 사실이에요.

74살 고령의 최익현도 의병을 일으켰어요. 최익현의 의병 부대는 순창에서 관군, 일본군과 대치했는데, 이때 고종 황제가 해산령을 내리자 제대로 싸워 보지도 못하고 해산하고 말았지요. 그때 체포된 최익현은 대마도로 끌려가 적이 주는 음식은 먹을 수 없다며 단식으로 저항하다가 결국 순절했어요. 일본군과 관군의 진압으로 수그러드는 듯했던 의병은 1907년 고종의 강제 퇴위와 군대 해산을 계기로 다시 불붙었어요. 당시 의병들은 연합군을 결성하여 일본에 대항하기로 의견을 모았어요. 의병들의 연합

> 지금 나라가 기울어져 가고 있는데, 우리가 그저 앉아 있을 수는 없다. 이 아름다운 강산, 선인들이 지켜온 강토를 원수인 일본인들에게 내맡기는 일이 있어서도 안 된다. **총을 든 사람, 칼을 든 사람**도 있어야 할 것이다. 그보다 더 중요한 일은 백성들이 깨어나는 일이다. 세상이 어떻게 돌아가는 것인지를 모르고 있으니 그들을 깨우치는 것이 제일 급한 일이다. 우리는 우리를 누르는 자를 나무라기만 해서는 안 된다. 내가 못생겼으니 남의 업신여김을 받는 것이 아니냐?

오산학교 개교식에서 연설을 하는 이승훈

부대인 13도 창의군 결성을 위해 경기도 양주에 총집결한 전국의 의병 부대들은 총대장 이인영과 군사장 허위의 지휘 아래 일본과 친일파가 장악한 서울로 진공할 계획을 세웠어요. 하지만 서울의 흥인지문 근처에서 일본군의 선제 공격을 받아 결국 실패하고 말았답니다.

실패의 근본적인 이유는 유생 의병장들이 가진 한계에 있었어요. 13도 창의군에 모든 의병이 참여하였다고 했지만 주로 경기와 강원도 지역의 유생 의병장이 중심이 되었고 신분 때문에 평민 의병장들은 연합군에서 제외되었어요. 또 서울로 진공하던 중 총대장 이인영은 아버지의 사망 소식을 듣고 급히 고향으로 돌아갔어요. 그 또한 유교 사상을 중요시 하는 유생 출신 의병장의 한계라고 할 수 있지요.

그 뒤 일본은 의병이 다시는 일어나지 못하도록 남한 대토벌 작전을 전개하여 호남 지역의 의병을 초토화시켰어요. 그 이후 의병들은 압록강과 두만강을 넘어 만주나 연해주로 건너갔지요. 국권을 빼앗긴 경술국치(1910년) 이후에는 그곳에서 독립군으로 활동했답니다.

> 나는 태백산 호랑이 신돌석이다. 일본군을 무찌르자!

활동도 중요하지만 그보다 더 중요한 일은 백성들이 깨어나는 일이라고 주장했어요. 그것을 위해 오산 학교를 세운다는 것이었지요. 김구 선생이 외친 "양반, 상놈 모두 깨어라."라고 한 말과 뜻이 통하는 부분이에요.

당시에는 애국 계몽 운동에 뜻을 둔 지식인들이 많았어요.

《백범일지》의 내용에서도 그 당시의 분위기를 짐작해 볼 수 있어요.

당시 안악군의 여러 유지들은 신교육 사업에 적극적으로 관계하였습니다. 김홍량과 몇몇 청년은 서울과 일본에 유학하고, 여러 선배들이 교육 발달에 성심껏 노력하고 있었습니다. 안악에서는 황해도와 평안도의 교육계에서 가장 신망이 두터운 평양의 최광옥을 초빙하여 양산 학교에서 하기 사범 강습을 열었습니다. 황해도에서는 시골의 서당 훈장까지 다 불러 모았고, 평안남북도의 유지와 교육자, 경기·충청도에서까지 강습생들이 몰려와 참석자가 400명이 넘었습니다.

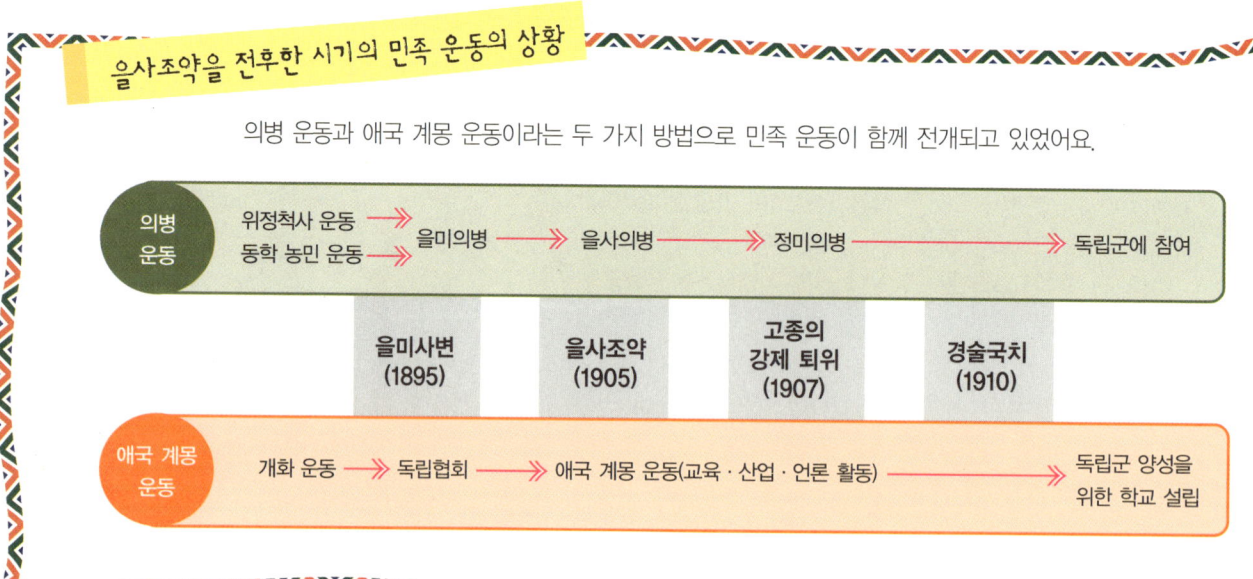

민족의 실력을 키워야 한다

애국 계몽 운동에 뜻을 가진 사람들은 을사조약 체결을 전후하여 단체를 결성했어요. 보안회, 헌정연구회, 대한자강회, 그리고 신민회가 대표적인 단체들이었어요.

보안회는 러일 전쟁 시기에 일제가 토지 약탈을 목적으로 황무지 개척권을 요구하자 그에 반대하는 운동을 전개하여 성공했어요. 헌정연구회는 국민의 정치 의식을 높이고 근대적 의회 제도를 바탕으로 하는 입헌 군주제로의 개혁을 목표로 활동했지요. 친일 단체인 일진회와 대립하기도 했고요.

을사조약 체결 이후에 설립된 애국 계몽 단체 중 가장 활발했던 단체는 대한자강회와 신민회였어요. 두 단체 모두 교육과 산업을 통한 실력 양성 운동을 전개했지요. 대한자강회는 헌정연구회를 이어받은 단체로, 1907년 고종이 강제로 퇴위당했을 때 강하게 일본을 규탄하기도 했어요. 그 이유로 통감부는 대한자강회를 해체시켰지요. 그 후 다시 결성된 대한협회는 일제와 타협하는 단체로 변질되어 성과를 거둘 수 없었어요. 그래서 민족 지도자들은 최대 규모의 애국 계몽 운동 단체인 신민회를 비밀리에 결성했어요. 을사조약 체결 이후 우리 민족의 저항이 거세지자 일제의 탄압과 감시도 심해졌기 때문이지요. 신민회의 목표는 국권을 되찾아 공화정* 형태로 독립국을 세우는 것이었어요. 이를 위해 실력 양성이 필요했어요. 실력 양성의 방법은 4대 강령에 잘 요약되어 있어요.

신민회는 강령에서도 밝힌 것처럼 교육 활동에 관심이 많았어요. 국민에게 민족 의식을 심어 주고 인재를 양성하기 위해서였지요. 그

근대적 의회 제도를 도입하자는 헌정연구회의 주장은 독립협회와 같아요.

공화정
여러 사람이 함께 서로의 의견을 화합하여 국민을 통치하는 정치 체제를 말해요. 복수의 주권자가 통치하는 정치 체제로, 군주제에 반대되는 개념이에요.

나, 안창호

> **신민회의 4대 강령**
> 1. 국민에게 민족 의식과 독립 사상을 고취할 것.
> 2. 동지를 발견하고 단합하여 국민 운동의 역량을 축적할 것.
> 3. 상공업 기관을 만들어 단체의 재정과 국민의 부력(富力)을 증진할 것.
> 4. 교육 기관을 설립하여 청소년 교육을 진흥할 것.

김구 선생도 양기탁, 이동녕, 안창호 등과 함께 신민회 창립에 참여했어요.

런 노력으로 여러 곳에 학교를 세웠어요. 이승훈과 안창호는 각각 평안북도 정주의 오산 학교, 평양의 대성 학교를 세웠지요. 김구 선생이 학교를 설립하고 여러 교육 활동에 앞장선 것도 같은 이유였답니다. 학교에서만 교육을 한 것은 아니었어요. 곳곳에서 사람들을 모아 강연회를 열었지요. 주제는 민족 의식과 국권 회복, 민권 사상, 구습 타파, 교육의 중요성 등에 대한 것이었어요. 또 평양에 **자기 회사***를 설립하였고 평양, 서울, 대구에 **태극서관***을 세워 책을 출판해 널리 보급했어요.

신민회가 활동하는 동안에도 일제는 국권 침탈을 멈추지 않았어요. 이에 한계를 느낀 신민회원들은 그동안 소홀했던 군사적 실력 양성 운동을 추진해야 겠다는 생각을 가지게 되었어요. 그동안 의병들의 과격한 방법을 비판했었는데 입장을 바꾼 것이었지요. 바뀐

안창호가 세운 대성 학교의 학생들과 교사

생각은 만주에 독립군 기지를 개척하자는 주장으로 이어졌고, 이어 만주에 독립군 기지를 세워 독립군들을 양성하였답니다.

신민회 회원이었던 김구 선생의 연설 장면도 《백범일지》 여러 곳에 기록되어 있어요.

평양 자기 제조 주식회사
신민회에서는 고려자기를 민족 산업 부흥의 상징으로 여겨 1908년 평양에 자기 회사를 세워 민족 산업과 자본을 육성하고, 일제의 경제 침략에 대항하고자 하였어요.

태극서관
1905년 이승훈, 안태국 등이 서적이나 유인물의 출판과 공급을 목적으로 설립한 서점으로, 신민회원들의 연락 및 집회 장소로 자주 활용되었어요.

백성들이 깨우치도록 도운 신문들

애국 계몽 운동 단체의 활동과 더불어 국민을 깨우치도록 도운 것이 신문이었어요. 1899년 〈독립신문〉이 폐간된 이후에 발간되어 온 신문들은 신문물과 제도를 소개하고, 외세의 침략 상황을 보도하여 국민을 일깨우고 여론을 모으는 역할을 했어요. 지금은 신문뿐만 아니라 방송, 스마트폰이나 인터넷을 통한 소셜네트워크 등 여러 매체를 통해 국민의 여론이 형성되지만 당시에는 신문이 가장 효과적인 방법이었어요. 애국 계몽 운동가들이 신문 창간에 참여한 것도 그 이유에서였답니다.

그렇다면 당시에는 어떤 신문들이 있었을까요? 1898년부터 〈황성신문〉과 〈제국신문〉이 발행되고 있었어요. 그리고 러일 전쟁이 일어난 후에는 〈대한매일신보〉가 발행됐지요. 이 신문들은 1910년 국권을 빼앗길 때까지 일제의 탄압을 받으면서도 민족 운동을 지원했어요.

러일 전쟁과 을사조약 체결 이후 본격화된 일제의 국권 침탈 시기에 우리 민족은 의병 운동과 애국 계몽 운동으로 국권 회복을 위해 노력했어요. 당시 20대 후반이었던 김구 선생은 기독교에 입문한 후 애국 계몽 운동의 일환으로 학교를 세워 학생들을 가르쳤어요. 또 **해서 교육 총회***를 만들고 학무총감으로서 강연을 다니며 사람들에게 민족 의식을 심어 주었지요. 한편 최대의 애국 계몽 단체인 신민회 결성에도 참여하여 활동했어요.

그러나 김구 선생을 비롯한 우리 민족의 노력에도 불구하고 1910년 8월에 결국 국권을 일본에게 빼앗기고 말았어요. 36년 동안의 일제 강점기가 시작된 것이지요.

일본도 신문의 영향력을 알고 있었기 때문에 1907년에는 **신문지법***을 만들어 언론을 통제하고 탄압하였답니다.

신문지법
일제가 우리나라의 신문을 탄압·통제하기 위하여 제정한 법이에요. 신문을 창간할 때 내부 대신의 허가를 받아야 하며 보증금을 납부해야 한다는 것 등의 내용이에요.

해서 교육 총회
1908년 황해도 지역의 교육을 위해 조직된 교육 계몽 단체예요.

〈대한매일신보〉, 나라 빚 갚기 운동에 앞장섰다

당시 국민들은 금비녀, 금가락지 등을 〈대한매일신보〉에 보냈어요.

일본은 러일 전쟁(1904년)에서 이긴 뒤 한국을 경제적 식민지로 만들기 위해 재정 고문을 파견하고 차관을 들여오도록 했어요. 그 돈은 주로 식민 침략에 필요한 시설을 짓는 데 사용했지요. 그렇게 빌려온 돈의 액수가 1,300만 원이나 되었답니다. 그렇게 많지 않은 돈이라고 생각하겠지만 당시에는 대한 제국의 1년 예산과 맞먹는 액수였어요.

이에 1907년 2월 21일, 서상돈, 김광제 등은 대구에서 의연금을 모아 일본에 진 빚을 갚자는 국채 보상 운동을 펼쳤어요. 이에 남자들은 담배를 끊어 아낀 돈을, 여자들은 귀하게 여기던 금반지, 금비녀 등을 기증했답니다. 고종 황제도 정부의 여러 대신들과 함께 담배를 끊었고, 해외 동포들도 의연금을 보내왔답니다. 하지만 일제는 1907년 말 국채 보상 기성회의 총무인 〈대한매일신보〉의 양기탁을 공금 횡령으로 몰아 구속했어요. 이후 계속된 통감부의 방해로 국채 보상 운동을 더 이상 추진할 수 없었지요. 그러다 일제 강점기가 되면서 일제 경무총감부에 모금한 돈을 빼앗기고 말았어요.

이와 같은 구국 운동은 1998년에 다시 실시된 적이 있었어요. '제2의 국채 보상 운동'이라고 불린 '금 모으기 운동'이었지요. 1997년 정부는 보유하고 있던 외화가 부족해지자 IMF(국제 통화 기금)에 긴급 지원을 요청했어요. 그렇지 않으면 다른 나라에 지불해야 할 돈을 주지 못해 국가 신용도가 떨어지고 무역량이 감소하는 등 우리 경제에 치명적일 수 있었거든요. IMF로부터 지원을 받은 우리 정부는 그 빚을 갚아야 했어요. 이때 국민이 금 모으기 운동에 적극적으로 참여했어요. 그렇게 모은 금을 수출하여 IMF에 진 빚을 갚는 데 사용했지요. 1907년과 구체적인 상황은 달랐지만 시간이 지나도 나라 사랑하는 마음은 변함이 없다는 것을 보여 준 일이었답니다.

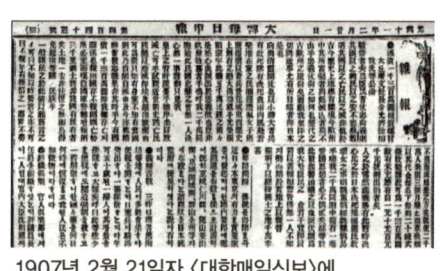

1907년 2월 21일자 〈대한매일신보〉에 실린 국채 보상 운동 기사

2007년에 발행된 국채 보상 운동 100주년 기념 우표

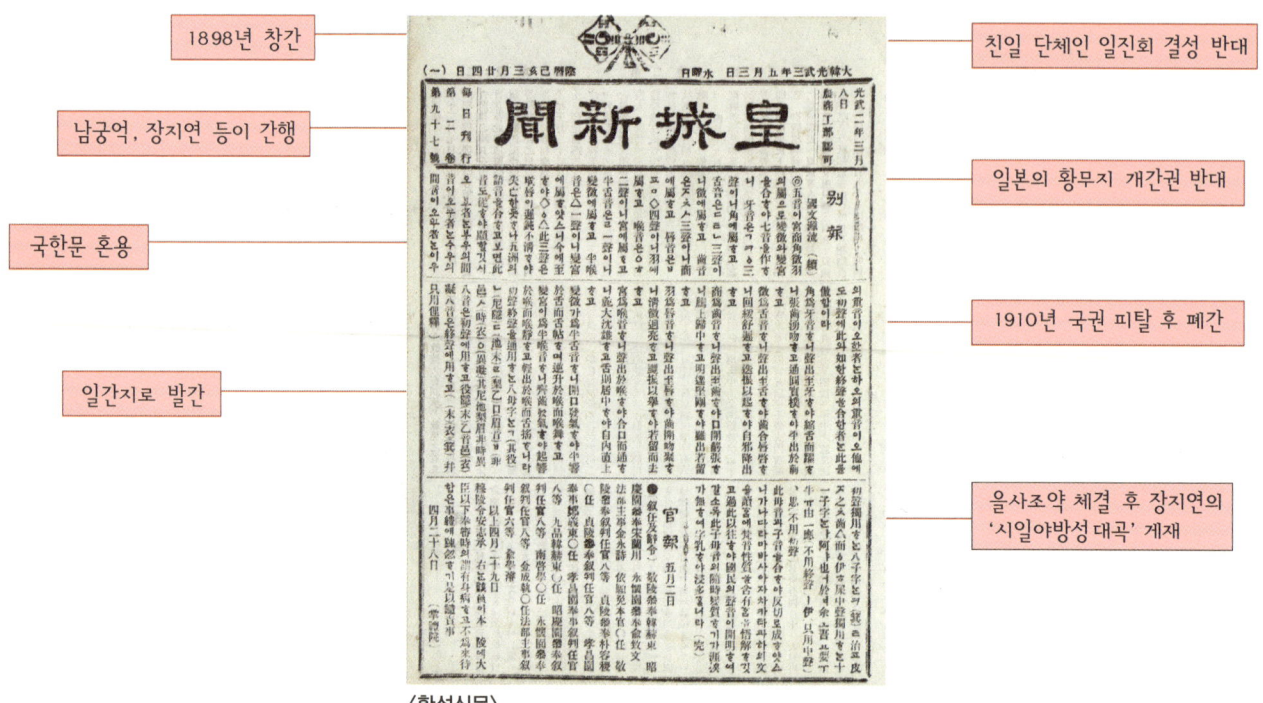

- 1898년 창간
- 남궁억, 장지연 등이 간행
- 국한문 혼용
- 일간지로 발간
- 친일 단체인 일진회 결성 반대
- 일본의 황무지 개간권 반대
- 1910년 국권 피탈 후 폐간
- 을사조약 체결 후 장지연의 '시일야방성대곡' 게재

〈황성신문〉

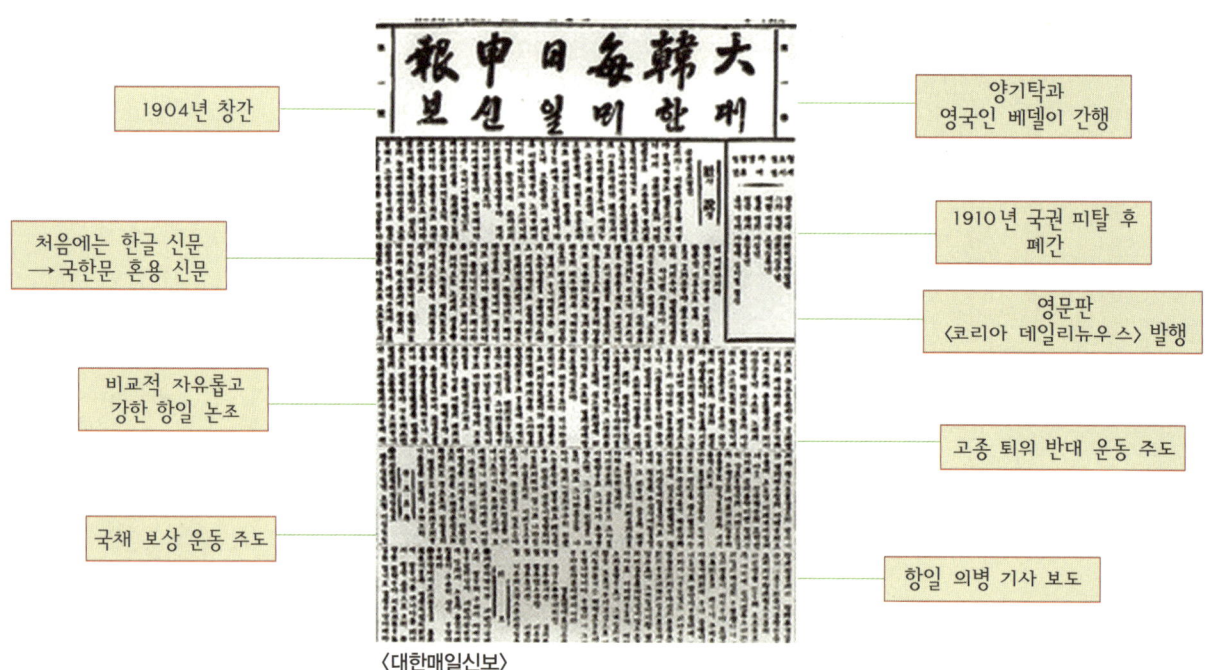

- 1904년 창간
- 처음에는 한글 신문 → 국한문 혼용 신문
- 비교적 자유롭고 강한 항일 논조
- 국채 보상 운동 주도
- 양기탁과 영국인 베델이 간행
- 1910년 국권 피탈 후 폐간
- 영문판 〈코리아 데일리뉴스〉 발행
- 고종 퇴위 반대 운동 주도
- 항일 의병 기사 보도

〈대한매일신보〉

〈황성신문〉과 〈대한매일신보〉는 한자가 있어 읽기 어려워요. 한글로만 적힌 신문은 없었나요?

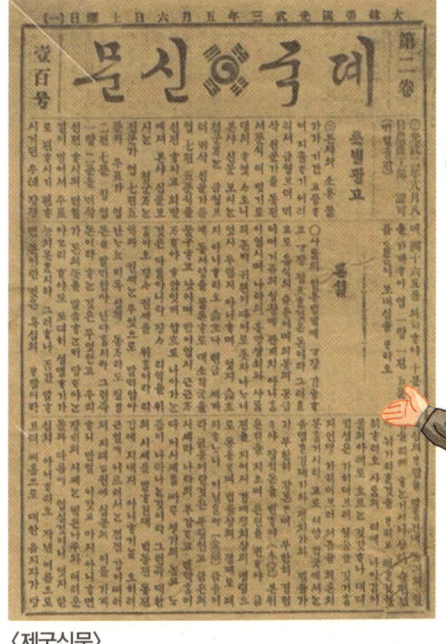

〈제국신문〉

〈제국신문〉이 한글로만 쓴 신문이었어요. 〈황성신문〉만큼이나 오랫동안 발간되었는데, 한글로 되어 있어 일반 국민들과 부녀자들이 많이 읽었던 신문이에요.

그때 그 응칠이가 안중근 의사였다!

내가 죽은 뒤에 대한 독립의 소리가 천국에 들려오면 나는 마땅히 춤을 추며 만세를 부를 것이다!

《백범일지》에는 안진사에 대한 이야기가 가끔 나와요. 그의 이름은 안태훈이었지요. 1909년 겨울 어느 날, 안진사의 아들에 대한 기사가 신문에 보도되었어요. 한 한국인이 을사조약을 강제로 체결하게 한 이토 히로부미를 죽였다는 기사였어요. 그 한국인이 바로 안진사의 아들 안응칠, 즉 안중근이었어요. 《백범일지》에 나온 부분을 살펴볼까요?

갑자기 경찰이 환등회를 해산하고 나를 경찰서로 데려갔습니다. 군중은 감히 말을 못했지만 화가 나 대단히 격앙된 분위기였습니다. 경찰은 나를 한인 순사의 숙직실에서 같이 묵게 하였습니다. 그러자 각 학교에서 학생들이 위문대를 조직하여 차례차례 방문하였습니다. 경찰서에서 하룻밤을 자고 난 다음 날, 하얼빈 전보로 '이토 히로부미가 한인 은치안에 피살되었다.'는 신문 보도를 보았습니다. 은치안이 누구인지 몰라 매우 궁금하였는데, 다음 날 아침 안응칠, 곧 안중근으로 신문에 기재되었습니다.

《백범일지》의 안진사댁 응칠이 바로 나, 안중근이지!

제7장 105인 사건으로 다시 투옥되다

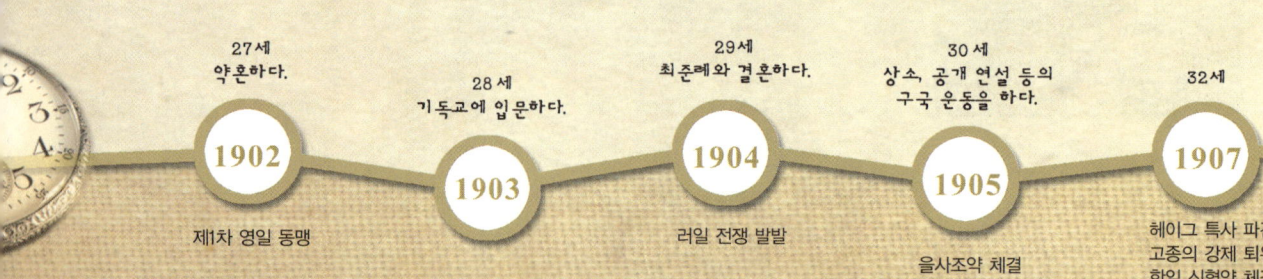

27세
약혼하다.
1902
제1차 영일 동맹

28세
기독교에 입문하다.
1903

29세
최준례와 결혼하다.
1904
러일 전쟁 발발

30세
상소, 공개 연설 등의
구국 운동을 하다.
1905
을사조약 체결

32세
1907
헤이그 특사 파견
고종의 강제 퇴위
한일 신협약 체결
신민회 조직
국채 보상 운동

1910년 8월 29일, 결국 일본이 대한 제국의 주권을 강탈하였어요.
이를 '경술국치'라고 해요. 많은 사람들의 노력에도 불구하고 36년간의
일제 강점기가 시작된 것이지요. 그런데 국권을 빼앗긴 6개월 뒤
김구 선생은 또다시 감옥에 갇히고 말아요.
도대체 김구 선생은 왜 감옥에 갇혔을까요?
심문실에 끌려갔을 때의 기억을 살려 적은 《백범일지》의 내용을 살펴보면,
그 이유를 얼핏 알 수 있어요.

> 정신을 차리자 비로소 안명근과의 관계를 물었습니다. 나는 안명근과는 서로 아는 친구일 뿐이고 같이 일한 사실은 없다고 했습니다. 그놈은 노발대발하며 다시 나를 천장에 매달았습니다. 세 놈이 돌아가면서 매질과 몽둥이질을 해 댔습니다. 나는 또 정신을 잃었습니다.

바로 안명근이라는 사람 때문이었어요. 그렇다면 그는 어떤 사람이며,
또 어떤 사건에 연루되었기에 일본은 김구 선생까지 잡아간 것일까요?
그 당시 일제의 식민 통치 방식과 함께 알아보아요.

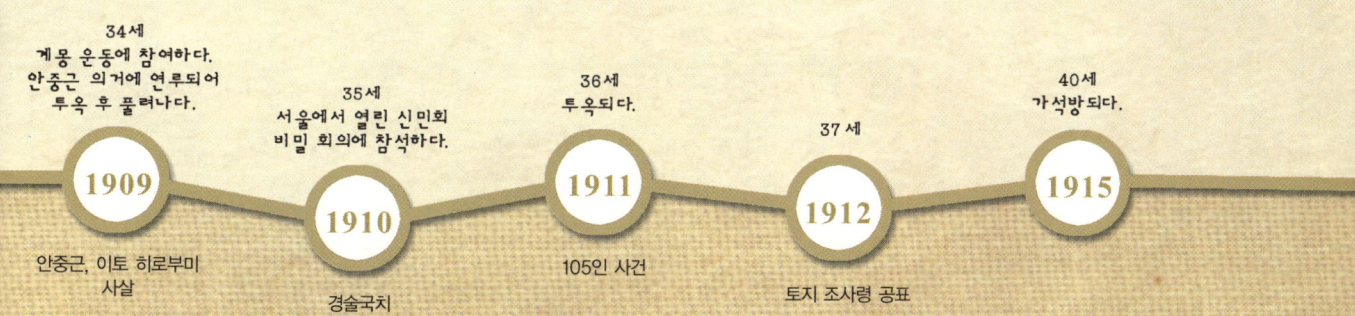

34세 계몽 운동에 참여하다. 안중근 의거에 연루되어 투옥 후 풀려나다.
1909 안중근, 이토 히로부미 사살

35세 서울에서 열린 신민회 비밀 회의에 참석하다.
1910 경술국치

36세 투옥되다.
1911 105인 사건

37세
1912 토지 조사령 공표

40세 가석방되다.
1915

백범일지 들여다보기

1910~1911년

1910년 당시 국내외를 망라한 비밀 정치 결사, 즉 신민회가 조직되어 있었습니다. 1910년 12월, 나는 경성에서 양기탁이 주최한 신민회의 비밀 회의에 참석했습니다. 비밀 회의에서는 여러 가지 사항을 의결했습니다. 지금 일본이 경성에 총감부를 설치하고 전국을 다스리고 있으니 우리도 비밀리에 도독부를 설치하고 전국을 다스릴 것, 만주 이민 계획을 실시할 것, 무관 학교를 세우고 장교를 양성하여 광복 전쟁을 일으킬 것, 이를 위해 이동녕에게 토지 구입과 가옥 건축 등의 임무를 맡겨 만주로 보낼 것, 나머지 참석 인원들은 지방 대표로 15일 안에 돈을 마련할 것 등이었습니다. 신민회는 이를 의결한 뒤, 즉각 각지로 출발했습니다.

12월 21일 이른 아침, 나는 안악으로 돌아왔습니다. 안악에서 김홍량과 협의하여 토지와 재산을 팔기 시작했습니다. 신천 등 이웃 군의 동지에게도 은밀히 알려 회의에서 결정된 계획을 진행하였습니다.

그러던 어느 날 밤, 안명근이 갑자기 양산 학교로 찾아왔습니다. 해서 지역 부호들이 독립 자금을 주겠다고 해 놓고는 돈을 내지 않는다며, 안악읍의 부호 몇몇을 총으로 위협하여 다른 지방에까지 영향을 미치게 할 작정이니 도와 달라고 했습니다. 황해도 일대 부호들에게서 돈을 거두어 동지를 모아 전신 전화를 끊고 왜구를 죽이라고 명령하면, 일본 대대가 도착하기 전 5일간은 자유 천지가 될 터이니, 설령 그 이상 더 나아갈 능력이 없다 해도 당장의 분을 풀 수는 있지 않겠느냐는 것이었습니다. 나는 안명근을 붙잡고 말렸습니다.

"안중근 의사가 여순 감옥에서 사형당했으니 같은 혈족으로서 피가 끓어 그 같은 계획을 생각해 낸 것은 이해하오. 그러나 과연 동지는 몇 사람이나 얻었소?"

"나와 절실한 동지만도 몇십 명은 되지만, 형이 동의하신다면 사람은 쉽게 얻은 줄 압니다."

나는 간곡하게 말렸습니다. 앞으로 큰 전쟁을 치르려면 인재 양성 없이 성공을 기약할 수 없는데, 이렇게 일시적인 움직임으로는 5일은커녕 3일도 기약하기 어려우니, 분기를 참고 청년들을 북쪽으로 데려가 군사 교육을 실시하는 것이 더 급한 일이라고 달랬습니다. 안명근 역시 나의 뜻에 수긍하였으나, 자기 요량과 다르다고 느끼고는 만족하지 못한 채 작별하였습니다. 그런 지 불과 며칠 후, 사리원에서 안명근이 체포되어 경성으로 압송되고, 신천·재령 등에서도 연루자들이 체포되었다는 소식이 신문에 발표되었습니다.

　1911년 1월 초닷새, 양산 학교 사무실에서 내가 아직 일어나지도 않았을 때 일본 헌병이 찾아와서는 헌병 소장과 면담할 일이 있다며 함께 가자고 했습니다. 가 보니 김홍량, 이상진 등 교직원들을 벌써 차례로 불러 모은 뒤였습니다. 경부총감부의 명령으로 임시 구류에 처한다며 2~3일 후 전부 재령에 옮겨 가두었습니다.

　왜놈이 우리나라를 강제로 점령한 뒤 첫 번째로 한 일이 애국지사들을 체포한 것이었습니다. 황해도에서는 먼저 안명근을 잡아 가두고, 도내의 전 지식 계급과 부호를 압송하였습니다. 일본은 경성의 감옥이나 구치소, 각 경찰소 구류소에 다 가둘 수 없자 창고와 사무실까지 임시로 벌집 같은 감방을 만들었습니다. 나도 그곳에 갇혔습니다.

헌병 경찰을 동원한 무단 통치

일제가 대한 제국의 주권을 빼앗는 내용이 담긴 강제 병합 소식이 발표되자 온 국민은 분노하며 통탄했어요. 하지만 **남한 대토벌 작전***으로 의병은 이미 진압된 상태였으며, 경찰권이나 사법권도 모두 일본에게 넘어가 있는 상태여서 적극적으로 저항할 수 없었어요. 또 통감을 비롯한 일본인 관리들이 대한 제국의 모든 내정을 간섭하고 있었기 때문에 이미 주권을 빼앗긴 상태나 마찬가지였지요. 그런 상황에서 《매천야록》을 쓴 황현이 절명시를 남기고 스스로 목숨을 끊어 저항 의지를 보여 주기도 했지만 분노를 풀어 낼

남한 대토벌 작전
일본 제국이 1909년 9월부터 10월까지 전라남도와 그 주변 지역에서 저항했던 의병들을 진압하기 위해 벌인 작전이에요.

황현의 절명시
황현은 이 시를 남기고 스스로 목숨을 끊었어요.

새와 짐승도 슬피 울고 강산도 찡그리니 무궁화 온 세상이 이젠 망해 버렸어라.

조선 총독부 건물
1926년에 지어져 경복궁 앞을 떡하니 가로막고 있었으나 1995년에 철거되었어요.

총독은 일본 천황의 직속으로, 한반도에 대한 입법, 사법, 행정, 군사에 대한 모든 권리를 가진 최고 권력자였어요.

일제의 식민 통치 정책 변화

일제는 상황에 따라서 식민 통치 방식을 바꾸었답니다. 초기에는 헌병 경찰을 앞세워 강력한 통치를 했어요. 그 뒤에는 민족 분열 통치와 민족 말살 통치 정책을 펼쳤어요.

1910 - 1919년	→	1919 - 1931년	→	1931 - 1945년
무단 통치 (헌병 경찰 통치)		문화 통치 (민족 분열 통치)		민족 말살 통치 (병참 기지화 정책)

강력한 방법을 찾지는 못했어요.

이렇게 일제 강점기가 시작되었지요. 일제는 육군 대장 출신의 3대 통감이었던 데라우치를 초대 총독으로 임명하고 조선 총독부를 설치했어요. 총독 혼자서 통치를 할 수는 없었기 때문에 그 아래에 정무총감이나 경무총감도 두었어요. 그러고는 중앙이나 지방의 모든 행정 관청 관리도 모두 일본인이나 친일파로 바꿨지요.

경술국치 이후 일반 국민과 직접 부딪치면서 위협적인 분위기를 만든 것은 총독이나 조선 총독부의 높은 관리보다는 말단 직위의 헌병 경찰이었어요. 헌병 경찰은 원래 군인들이었어요. 그래서 일반 경찰보다 더 위압적이었지요. 헌병 경찰들이 세금 징수, 우편 등의 업무나 산림을 감시하는 등 거의 모든 일반 행정을 맡았어요. 그뿐만 아니라 즉결 처분권도 가지고 있었어요. 즉결 처분권이란 정식으로 법 절차나 재판을 거치지도 않고 조선인에게 벌금을 물리거나 가둘 수 있는 권한이었지요. 그런 사실 하나만으로도 당시 사회 분위기가 어땠는지 짐작할 수 있겠지요?

일본 헌병 경찰

참, 조선 총독부는 갑오개혁 때 폐지된 태형 제도를 1912년 부활시켜 헌병 경찰들이 우리 민족을 무지막지하게 매질할 수 있게 했어요. 《백범일지》의 내용에서처럼 감옥에 갇힌 사람들만 때린 것이 아니었지요.

학교 교실의 분위기도 지금처럼 밝고 활기차지 않았어요. 교실에서 수업하는 교사가 제복을 입고 칼을 차고 있었으니 세상 분위기만큼이

"헌병 경찰은 벌금 1원당 1대씩의 매질을 할 수 있었어요. 당시 헌병 경찰은 우리 국민들에게 무시무시한 존재였지요."

〈조선 태형령〉와 〈태형 시행 규칙〉의 주요 내용

〈조선 태형령〉
제7조 태형은 태 30 이상일 경우 이를 한 번에 집행하지 않고 30을 넘길 때마다 1 횟수를 증가시킨다. 태형의 집행은 하루 한 회를 넘길 수 없다.
제13조 본령은 조선인에 한하여 적용한다.

〈태형 시행 규칙〉
제1조 태형은 수형자를 형판 위에 엎드리게 하고 그 자의 양팔을 좌우로 벌리게 하여 형판에 묶고 양다리도 같이 묶은 후 볼기 부분을 노출시켜 태로 친다.
제12조 집행 중에 수형자가 비명을 지를 우려가 있을 때에는 물에 적신 천으로 입을 막는다.

〈조선 총독부 관보〉 1912년 3월 18일, 3월 30일

나 무서웠지요. 수업에서는 주로 기초적이고 실용적인 내용만 가르쳤답니다. 최소한 쓰고 셈할 정도는 되어야 부려먹을 수 있었으니까요.

조선 총독부는 우리의 입까지 모두 막아 버렸어요. 이 말은 실제로 얼굴의 입을 막은 것이 아니라 우리 민족의 입 역할을 하던 언론을 통제했다는 뜻이에요. 여러분들이 알고 있는 〈대한매일신보〉, 〈황성신문〉, 〈제국신문〉 등의 신문들을 모두 폐간시켰어요. 신문이 일본에 대한 저항 의식을 불러일으킬 수 있다는 것을 알고 있었거든요.

"일제 강점기 동안 우리 신문은 발행되지 않았나요?"

"그렇지 않아요. 3·1 운동 이후에 〈조선일보〉, 〈동아일보〉와 같은 한글 신문이 발행되었답니다. 물론 검열과 통제를 받았지만요."

조직을 만들거나 사람들을 모아서 집회를 여는 것도 금지되었어요. 책을 출판하는 것도 물론 통제했지요. 이처럼 마음대로 말하지도 못하는 무시무시한 분위기 속에서 10년의 세월을 보냈답니다. 이 시기의 식민 통치 방식을 '무단 통치', 또는 '헌병 경찰 통치'라고 해요.

106

독립운동가들을 탄압하다

사람들이 어디로 끌려 가는 거죠?

일제는 국권 침탈 직후 짧은 시간에 많은 독립운동가들을 잡아들였어요. 재판소 주변에서는 사진과 같은 장면들이 종종 목격되기도 했어요. 잡혀 온 사람들은 주로 황해도 안악 주변 지역의 사람들이었어요. 이 사람들은 《백범일지》에 소개된 것처럼 간도 지방에 무관 학교를 세우기 위해 독립 자금을 모집하려다 발각되어 체포되었어요. 그렇게 잡혀 온 사람의 수가 무려 160여 명이나 되었어요. 무단 통치 기간 중 독립운동가들을 탄압한 가장 큰 사건이었지요. 김구 선생도 그때 함께 체포되었어요. 그 사건을 '안악 사건'이라고 해요.

안악 사건의 중심인물이 안명근이었답니다. 안명근은 이토 히로부미를 암살한 안중근의 사촌 동생이에요. 안명근은 안중근과 함께 김구 선생의 스승이었던 고능선에게 학문을 배웠지요. 김구 선생을 고능선에게 소개한 것도 안중근의 아버지인 안태훈 진사였답니다.

재판소로 가는 중이에요. 1911년에 수백 명의 사람이 잡혔는데 그중에 105명이 재판으로 넘겨졌어요.

용수를 쓰고 끌려가는
독립운동가들의 모습

일제는 독립운동가들을 재판소로 데려갈 때 얼굴이 드러나지 않도록 용수를 씌웠어요.

용수

또 안명근과 김구 선생은 해서 교육 총회에서 교육 활동을 함께 하면서 알고 있던 사이였지요. 그것이 김구 선생이 체포된 이유였답니다.

일본 경찰은 거기서 멈추지 않고 안악 사건을 데라우치 총독 암살 음모 사건으로 조작하여 사건을 확대시켰어요. 그리고 조사 도중에 드러난 신민회 소속의 독립운동가 600여 명을 줄줄이 잡아들였어요. 모진 고문으로 심문을 끝낸 뒤 그중에서 105명을 재판에 넘겼지요. 그 사건을 '105인 사건'이라고 한답니다.

안악 사건 이후에 열린 재판 결과 안명근은 무기 징역형, 김구 선생은 15년 징역형의 선고를 받아 서대문 형무소에 갇히게 되었어요. 또 총독 암살 음모 사건으로 조작되어 재판에 넘겨진 105명 중에서도 6명은 유죄 처분을 받아 수감되었고, 실체가 드러난 비밀 결사 신

안창호 수형기록표

유관순 수형기록표

서대문 형무소로 쓰인 건물
지금은 서대문 형무소 역사관으로 남아 있어요.
일제 강점기 서대문 형무소는 김구 선생 외에도 많은 독립운동가들이 갇혀 있던 곳이었어요.

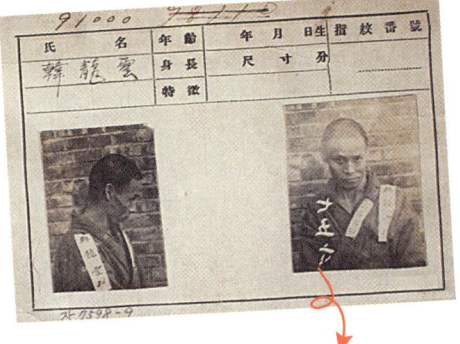
한용운 수형기록표

민회의 국내 조직은 거의 무너지고 활동하던 사람들은 뿔뿔이 흩어지고 말았답니다.

하지만 국외에서의 독립운동까지 포기한 것은 아니었어요. 신민회는 간도의 독립군 기지 건설에 온힘을 쏟았어요. 남한 대토벌 작전 이후 국경을 넘어온 의병들과 토지를 잃고 고향을 떠나온 농민들이 힘을 모아 독립군 기지를 세웠지요. 그 결과 만주 삼원보에 신흥 무관 학교가 세워졌고 그곳에서 수천 명의 독립군을 배출했어요. 그들이 바로 1920년 청산리 전투와 봉오동 전투를 승리로 이끈 주역들이었답니다.

봉오동 전투는 홍범도 장군이 이끈 대한 독립군, 청산리 전투는 김좌진 장군이 이끈 북로 군정서군이 각각 중심이 되었던 전투였어요.

토지를 조사한다더니 토지를 빼앗다

정치적으로 대한 제국을 식민지로 삼은 일제는 식민 통치를 위한 재정 마련을 위해 본격적으로 경제적 수탈을 시작했어요.

1912년, 조선 총독부는 갑자기 '조선 토지 조사령'을 발표했어요. 토지의 위치, 면적, 소유자 등을 조사한다는 명목으로, 토지의 소유권을 분명히 하고 국가 재정의 기초를 세우기 위함이라고 밝혔지요.

조선 토지 조사령에 의해 땅을 가진 사람들은 정해진 기간 안에 신고를 해야 했어요. 그래야만 토지의 소유권을 인정받을 수 있다고 했지요. 하지만 옛날부터 자신의 토지였기 때문에 신고할 필요가 없다고 생각한 사람들, 일제의 식민 정책에 저항하고자 한 사람들, 그리고 신고 절차를 잘 몰랐던 사람들은 신고를 하지 않거나 못하고 신고 기간을 넘겼어요. 그 결과 토지들은 고스란히 조선 총독부의 소유로 넘어가고 말았어요. 그뿐 아니라 가문이나 마을의 토지 등 소유권이 명확하지 않은 토지도 조선 총독부에게 빼앗겼답니다.

이로써 조선 총독부의 검은 속셈이 여실히 드러났어요. 식민 통치를 위해

동양 척식 주식회사
1908년에 식민 통치를 위해 설립했어요.

확보한 토지에서 세금을 안정적으로 거두어들이는 것, 땅주인들의 권리를 보호해 줌으로써 그들을 일제의 식민 통치를 지지하는 편, 즉 친일파로 만들고자 했던 것이었어요.

결국 많은 토지가 조선 총독부의 소유가 되었고, 그 토지는 다시 식민 통치를 위해 설치한 동양 척식 주식회사나 일본인들에게 싼값으로 넘어갔어요. 일본인들에게 조선은 기회의 땅이 되었지요. 싼값에 땅을 사서 농사를 지을 수 있었으니까요. 그 이점을 이용하려는 일본인들의 농업 이민이 본격화되었어요. 대신 우리 농민들은 소작지를 잃고 쫓겨나게 되었지요. 굴러온 돌이 박혀 있던 돌을 빼내는 상황이 된 거예요. 삶의 터전을 잃은 우리 농민들은 고국을 떠나 만주나 연해주로 가기 시작했어요.

이러한 정치·경제적 식민 통치의 상황 속에서 105인 사건으로 드러난 신민회는 간도로 근거지를 옮겨 독립군을 양성하고 있었고, 김구 선생은 인천 감옥으로 옮겨진 뒤 인천항 건설 노역에 동원되어 일하던 중 3년 만에 풀려났어요.

제8장 임시 정부의 문지기라도 할 수 있다면

35세
서울에서 열린
신민회 비밀 회의에
참석하다.

1910
경술국치

36세
투옥되다.

1911
105인 사건

37세

1912
토지 조사령 공표

40세
가석방되다.

1915

44세
상하이로 망명,
임시 정부의
경무국장이 되다.

1919
3·1 운동
상하이 대한민국
임시 정부 통합

1919년 이른 봄, 한반도를 흔드는 만세 소리가 전국에 울려 퍼졌어요.
땅속에서 겨울잠을 자던 개구리들이 깜짝 놀라 깨어날 만한 큰 소리였지요.
경술국치 이후 10년 동안 일제의 무단 통치 아래에서 고통 받던
우리 민족의 아픔이 한꺼번에 터진 것이었어요. 헌병 경찰의 학대를 참으며
숨죽여 울던 우리 민족이 모두 일어나 함께 외친 만세 소리였지요.
마침내 3·1 운동이 일어난 거예요.
그런데 김구 선생은 함께 만세 운동을 하자던 마을 청년들의 제안을
거절했답니다. 그러고는 몰래 중국 상하이로 떠났지요. 무슨 이유였을까요?
그리고 상하이에서는 어떤 일이 있었을까요?
또 일본은 3·1 운동을 비롯한 우리 민족의 거센 저항 운동에
어떻게 대응했을까요?

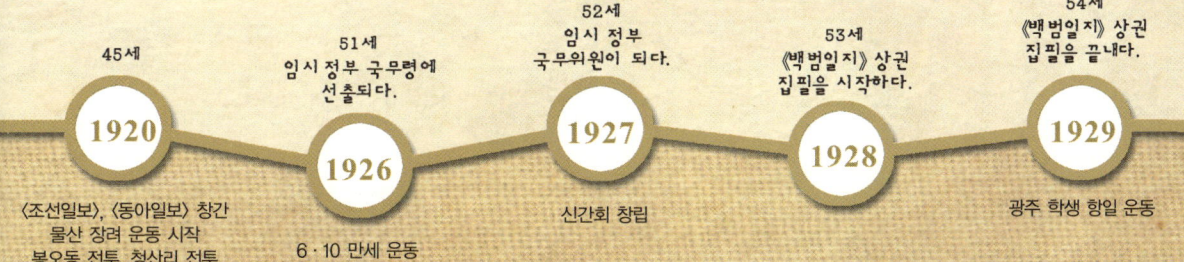

45세 — 1920
〈조선일보〉, 〈동아일보〉 창간
물산 장려 운동 시작
봉오동 전투, 청산리 전투
간도 참변, 산미 증식 계획

51세 임시 정부 국무령에 선출되다. — 1926
6·10 만세 운동

52세 임시 정부 국무위원이 되다. — 1927
신간회 창립

53세 《백범일지》 상권 집필을 시작하다. — 1928

54세 《백범일지》 상권 집필을 끝내다. — 1929
광주 학생 항일 운동

백범일지 들여다보기

1919년

인이 태어난 지 석 달 정도 지나 기미년(1919) 봄이 돌아왔습니다. 3월에 경성 탑동 공원에서 청천벽력 같은 독립 만세 소리가 울려 퍼졌습니다. 독립 선언서가 지방에 배포되자 안악읍에서도 만세 운동을 준비하고 있었습니다.

안악에서 청년들이 집으로 찾아왔습니다.

"준비가 되었으니 함께 나가서 만세를 부릅시다."

그러나 나는 그냥 돌려 보냈습니다.

"만세 운동에는 참여할 마음이 없다."

"선생이 참여하지 않으면 누가 만세를 선창합니까?"

"계획한 일이 있으니 나의 참가 여부와 관계없이 자네들은 만세를 부르라."

그날 안악읍에서도 만세 소리가 울려 퍼졌습니다.

다음 날 아침, 소작인들에게 농기구를 가지고 모두 모이라 하여 제방 수리를 했습니다. 내 집을 감시하던 헌병들은 내가 농사 준비만 하고 있으니 정오에 다른 곳으로 가 버렸습니다. 나는 소작인들에게 일을 잘 마치도록 부탁한 후, 안악읍으로 갔습니다.

안악에 도착하니 김용진 군이 말했습니다.

"홍량더러 상하이에 가라고 했더니 10만 원을 주어야 가지, 그렇지 않으면 떠나지 못한다고 합니다. 홍량은 다음에 갈 셈 치고, 선생부터 가십시오."

나는 즉시 출발해 사리원에서 하룻밤 자고, 이튿날 아침 신의주행 기차에 올랐습니다. 기차 안에도 온통 만세 이야기뿐이었습니다. 그런 이야기에 배고픈 것도 잊고 신의주역에서 내렸습니다. 바로 전날, 신의주에서 만세를 부르고 리명이 갇혔다고 했습니다. 개찰구에서는 왜놈이 승객을 샅샅이 살피고 있었습니다. 나는 수건에 여비만 싸서 허리띠에 잡아매고 있었습니다. 왜놈이 이것을 발견하고 무엇이냐 물어서 돈이라 하였고, 무엇 하는 사람이냐 물어서 재목상이라 했더니, 그냥 가라고 했습니다.

신의주 시내에 들어가 밥을 먹으면서 살펴보니 그곳 공기 역시 흉흉했습니다. 밤에 또 만세를 부르자는 통지가 돌았다는 둥 술렁술렁했습니다. 나는 바로 중국인 인력거를 불러 타고 큰

다리를 지나 안동현의 한 여관에 묵었습니다. 이름을 바꾸고 좁쌀 장수로 행세하면서 7일을 보낸 뒤, 증기선을 타고 상하이로 출발했습니다. 황해안을 지날 때 일본 경비선이 나팔을 불고 따라오며 배를 세우라고 했지만, 영국인 선장 조지 쇼는 들은 체도 않고 전속력으로 경비 구역을 지나갔습니다.

안동현을 떠난 지 4일 뒤, 나는 무사히 상하이 포동 부둣가에 도착했습니다. 안동현에서 얼음이 쌓인 것을 보았는데, 상하이의 프랑스 조계지에는 가로수에 녹음이 짙었습니다. 안동현에서는 추위로 고생을 하였는데, 상하이에서는 땀이 났습니다.

일행과 같이 동포의 집에서 방바닥에 담요만 깔고 잠을 자고, 다음 날부터 황해도의 김보연 군이 찾아와 함께 살게 되었습니다. 김군의 안내로 밤낮 그리던 이동녕 선생을 찾아갔습니다. 1910년 양기탁의 사랑방에서 뵈었던 모습에 비하면, 근 10년 동안 고생을 많이 겪으신 탓인지 팽팽했던 얼굴에 주름이 잡혀 있었습니다. 서로 악수하고 나니 감개무량하여 할 말을 잊었습니다.

1919년 당시 한반도에서는 대도시는 물론이고 외진 항구나 시골에서도 독립 만세를 부르지 않는 곳이 없었고, 해외 한인들도 어디서나 독립운동을 전개하고 있었습니다.

상하이에 모여든 청년들을 중심으로 정부 조직이 필요하다는 목소리가 높아져서 각 곳에서 대표를 선출하고 임시 의정원을 조직하여 임시 정부를 만들었습니다. 이것이 바로 '대한민국 임시 정부'입니다.

내무총장인 도산 안창호 선생께 임시 정부의 문지기를 시켜 달라고 부탁하자, 도산은 내가 벼슬을 시켜 주지 않는 데 대한 반감으로 그러는가 염려하는 빛이었습니다.

1919 3·1운동

서울 탑골 공원에서 시작된 3·1운동

3·1 운동 당시 종로 거리에 모인 사람들

3·1운동이 일어난 1919년은 국권을 강탈당한 지 거의 10년이 지났을 때였어요. 3·1운동은 우연히 일어난 것이 아니었어요. 그동안 일제의 무단 통치 아래에서 쌓였던 우리 민족의 아픔과 불만이 봇물 터지듯 터진 것이었지요. 무단 통치는 우리의 민족성과 저항 의지를 짓밟은 것이 아니라 오히려 더 크게 키워준 셈이었어요.

그럴 즈음 당시의 세계 정세도 일본으로부터의 독립을 요구할 수 있는 분위기로 바뀌고 있었어요. 제1차 세계 대전(1914-1918년)이 끝난 뒤 열린 파리 강화 회의에서 미국 대통령 윌슨은 약소 민족에게 희망이 되는 원칙 하나를 발표했어요.

"민족의 정치적 문제는 그 민족 스스로 해결해야 하며, 다른 민족

1919년 대도시는 물론이고 외진 시골에서도 독립 만세 소리가 울려 퍼졌어요.

"왜, 3월 1일에 만세 운동을 하기로 했어요?"

의 간섭을 받지 않아야 한다."

바로 '민족 자결주의 원칙'이었지요. 그런데 민족 자결주의 원칙은 우리 민족에게는 적용되지 않았어요. 제1차 세계 대전에서 패배한 나라의 식민지 국가들에게만 적용되었기 때문이었지요. 안타깝게도 일본은 전쟁에서 이긴 나라였답니다.

하지만 우리 민족은 그러한 세계 정세를 독립의 기회로 삼으려고 했지요.

한편, 고종 황제가 1919년 1월에 갑자기 승하하자 일본이 독살했다는 소문이 퍼졌어요. 12년 전에 강제로 폐위시켰던 황제를 독살까지

3월 1일은 고종 황제의 장례식을 이틀 앞둔 날이었어요. 국장을 위해 전국에서 많은 사람들이 서울로 모일 것을 예상해서 그날로 잡은 것이에요.

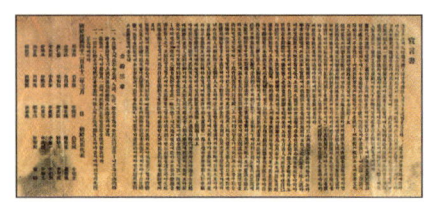
독립 선언서

했다는 소문이 돌자 일본에 대한 원망과 반감은 점점 더 커졌지요.

이러한 분위기 속에서 2월 8일 일본 도쿄에서는 유학생들을 중심으로 독립 만세 운동이 일어났어요. 우리 민족을 침략한 나라의 수도에서 독립 만세를 크게 외쳤다니 그 기개들이 정말 대단하지요?

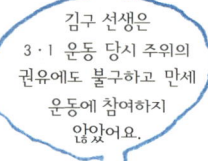

김구 선생은 3·1 운동 당시 주위의 권유에도 불구하고 만세 운동에 참여하지 않았어요.

이 소식을 전해 들은 국내의 민족 대표 33인은 만세 운동을 계획했답니다. 사람들이 많이 모이는 종로의 탑골 공원에서 독립 선언서를 발표하기로 하고 거사를 준비했지요. 그 준비는 주로 천도교, 기독교, 불교 등의 종교계 사람들과 학생들을 중심으로 진행되었어요. 종교계는 무단 통치 아래에서 그나마 조직을 잘 갖추고 있었기 때문에 전국적인 만세 운동을 비밀리에 준비하기에 유리했지요.

드디어 만세 운동을 하기로 한 3월 1일 아침이 밝았어요. 그런데 약속한 오후 2시가 되어도 민족 대표들이 종로 탑골 공원에 나타나지 않았어요. 대신에 태화관이라는 근처 음식점에 모여서 독립 선언서를 발표했답니다. 그러고는 출동한 헌병 경찰에게 체포되었지요. 하지만 학생들과 시민들은 예정대로 탑골 공원에 모여서 만세 운동을 시작했어요. 거리의 사람들까지 합세하여 만세 소리가 종로를 가득 채웠답니다.

서대문 형무소에 갇힌 유관순

서울에서 시작된 만세 운동은 전국으로 퍼져 나갔어요. 고종의 장례식에 참석하기 위해 상경했던 사람들, 만세 운동에 참여했다가 고향으로 내려간 학생들을 통해 전국으로 퍼져 나간 것이었지요. 그뿐만 아니라 해외에서까지 뜻을 같이하는 만세 운동이 일어났어요.

화성 제암리 학살 당시 불에 탄 집의 모습

사적으로 지정된 현재의 제암리 교회(왼쪽)와 제암리 3·1 운동 순국 기념관(오른쪽)
제암리 3·1 운동 순국 기념관 전시실에는 '용서는 하되 잊지는 말자.'라고 적혀 있어요.

만세 운동이 걷잡을 수 없이 확산되자 당황한 조선 총독부는 총칼을 앞세워 무력으로 진압하기 시작했어요. 많은 사람들이 쓰러지고 감옥에 갇혀 고문을 당했답니다. 여러분이 잘 아는 유관순 열사도 그 중의 한 명이었어요. 서울의 서대문 형무소는 만세 운동으로 잡혀 온 사람들로 넘쳐 났지요.

수원 화성 제암리에서는 마을 주민들을 교회에 가둬 놓고 무차별적으로 총을 쏴 학살하기도 했어요. 약 30여 명의 주민들이 죽었고 일본 군인들은 교회와 민가에 불을 질러 그들의 만행을 숨기려 했답니다.

그런데 김구 선생은 왜 거족적 민족 운동인 3·1 운동에 참여하지 않았을까요? 바로 다른 계획을 가지고 있었기 때문이에요. 상하이에서 설립된 대한민국 임시 정부에서 일하기 위함이었지요. 임시 정부 안에서 미리 정해진 직책이 있었던 것은 아니었어요. 하지만 민족의 독립을 위해서라면 임시 정부를 지키는 문지기라도 하겠다는 신념으로 서해를 건너 상하이로 갔던 거예요.

자, 우리도 김구 선생을 따라 상하이로 가 볼까요?

저의 진정한 소원인 조선 독립을 위해 무슨 일이든 하고 싶습니다. 임시 정부의 문지기라도 시켜 주십시오.

나, 김구

1919 대한민국 임시 정부 수립

대한민국 임시 정부가 하나로!

3·1운동을 계기로 꾸려진 대한민국 임시 정부는 어떤 조직이었을까요?

대한민국 임시 정부는 3·1 운동 이후에 조직되어 광복이 이루어질 때까지 27년간 우리 민족의 독립운동을 이끈 정부 조직이었어요. 그 당시에 세워진 임시 정부는 상하이의 대한민국 임시 정부 외에도 서울의 한성 정부와 연해주 블라디보스토크의 대한 국민 의회가 있었어요. 힘을 모으기 위해 세 정부의 지도자들은 논의를 했어요. 그 결과 일본의 영향력이 비교적 적고, 다른 나라의 외교적 도움을 받을 수 있는 상하이로 통합하기로 했지요. 이름은 '대한민국 임시 정부'로 하고 말이에요.

대한민국 임시 정부는 우리 역사상 처음으로 '민국'이라는 표현을 나라 이름에 넣었답니다. 제국이

대한민국 임시 정부의 통합

블라디보스토크 — 대한 국민 의회
서울 — 한성 정부
상하이 임시 정부
상하이
대한민국 임시 정부

> 통합된 대한민국 임시 정부는 한성 정부의 정통성을 이어 받았으나 일제가 지배하고 있는 서울에 세울 수는 없었지요.

나 왕국이 아닌 국민의 국가, 즉 민주 공화국을 지향한다는 의미였지요. 정부의 형태는 대통령 중심제를 채택하여 대통령에 이승만, 국무총리에 이동휘를 선출하고, 그 외 다른 국무위원들을 임명했어요. 한편 지금의 국회와 같은 임시 의정원도 구성했지요.

상하이 임시 정부 청사 내부

그런데 임시 정부가 세워진 상하이는 중국 땅이었기 때문에 우리 국민들이 거의 없었어요. 그래서 국내와 연결할 수 있는 연통제를 실시했지요. 국내에 지하 비밀 행정 조직을 설치하고 책임자를 두어 정부 문서와 명령을 전달하고 독립 자금을 보내거나 국내의 정보를 임시 정부에 보고하는 역할을 하도록 했어요. 또 교통국을 두어 독립 자금 모집과 전달, 국내의 정보 수집과 전달 등의 역할을 맡겼답니다.

신문도 만들었어요. 예전에 서재필이 창간한 신문과 이름이 같은 〈독립신문〉을 발간했지요. 독립운동의 소식을 동포들에게 전하고 독립운동의 방향을 제시해 주기 위한 것이었어요.

이렇게 조직된 대한민국 임시 정부에서 김구 선생은 문지기라도 좋으니 민족을 위한 무슨 일이든지 하길 원했어요. 하지만 임시 정부의 내무총장이었던 안창호는 김구 선생을 경무국장이라는 높은 자리에 임명했답니다. 임시 정부 건물의 문지기가 아니라 임시 정부를 지키는 문지기로 임명한 셈이었지요.

이렇게 조직된 대한민국 임시 정부는 광복을 맞을 때까지 우여곡절을 겪으며 독립을 위한 노력을 펼쳤어요. 그

> 정부는 세웠는데 나라의 주인인 국민이 상하이에 없었잖아요?

> 그래서 대한민국 임시 정부는 연통제를 실시하고 교통국을 설치하여 국내와 임시 정부를 연결하였지요.

무단 통치에서 문화 통치로

문화적 제도의 혁신으로 조선인을 이끌어 가르쳐 행복과 이익의 증진을 꾀하고……

기만적 문화 통치를 발표한 3-5대 총독인 사이토 마코토

3·1운동은 일제로 하여금 조선에 대한 식민 통치 방식을 무단 통치에서 문화 통치로 바꾸게 만들었어요. 3·1 운동 직후에 총독으로 부임한 사이토 마코토는 헌병 경찰에 의한 통치를 더 이상 하지 않겠다고 발표했지요. 또 언론, 출판, 집회, 결사의 자유도 일부 허용하고 지방자치제를 실시하겠다고 했어요. 총독도 군인 출신이 아닌 문관 출신을 임명하겠다고 했어요. 얼핏 들으면 대단한 변화를 기대할 만한 내용이었지요.

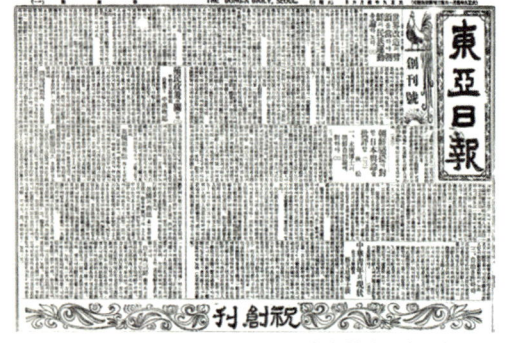

1920년에 창간된 〈동아일보〉

하지만 문화 통치는 우리 민족의 거센 저항을 잠재우기 위한 기만적인 조치에 불과했답니다. 헌병 경찰제를 폐지하고 보통 경찰제를 시행하긴 했지만 경찰의 수는 더 늘어났고, 〈동아일보〉, 〈조선일보〉와 같이 발행을 허용한 신문에 대해서는 검열을 강화했고, 사람들이 모이는 집회에는 경찰관이 옆에서 늘 감시를 했거든요. 지방자치제를 위한 선거는 주로 일본인이 많이 살고 있는 지역에서만 실시되었어요. 문관 출신의 총독을 임명하겠다던 약속은 한 번도 지켜지지 않았지요.

그런데, 문화 통치는 더 큰 문제를 가지고 있었어요. 일제는 친일파를 육성하여 우리 민족을 분열시키려고 했거든요. 그래서 종교, 문화, 정치, 교육 등 사회 전 분야에 걸쳐 친일파를 길렀어요. 친일파에게 특혜를 주면서 이간질을 시켜 우리 민족끼리 서로 싸우게 했지요. 결국 문화 통치는 우리 민족을 분열시켜 3·1 운동 같은 거족적 저항이 다시는 일어나지 않게 하려는 목적이었어요. 이처럼 1920년대의 일제는 양의 탈을 쓴 늑대라고 할 수 있지요.

1920 산미 증식 계획

땅을 빼앗아 가더니 쌀까지 빼앗아 가다

1910년대 토지 조사 사업을 통해 최대의 지주가 된 조선 총독부는 1920년대 들어 식량 생산을 늘리기 위한 계획을 세웠어요. 15년간에 걸친 장기 계획이었지요. 이른바 '산미 증식 계획'이 시작된 것이에요.

과연 이것이 우리 민족을 위한 계획이었을까요? 그랬다면 얼마나 좋았을까요? 하지만 절대 아니었어요. 일본인들의 부족한 식량을 채우기 위한 목적이었거든요.

일본은 제1차 세계 대전(1914-1918년) 기간 동안 전쟁 물자를 팔기 위해 공업화 정책을 추진했어요. 농민들은 더 좋은 일자리를 찾아 공장이 있는 도시로 떠났고, 농업을 소홀히 한 탓에 식량 부족 사태가 발생했지요. 이에 일본은 우리나라와 만주를 식량 공급 기지로 삼고 식량 생산을 늘리려는 계획을 세운 거예요. 그 목적을 위해 토지를 개간하고, 종자를 개량하고, 수리 시설을 늘렸어요.

쌀 수출은 주로 평야가 많은 서쪽반의 목포, 군산을 통해서 이루어졌어요.

일본으로 가져갈 쌀이 쌓여 있는 군산항의 모습이에요.

식량 생산을 늘리기 위해 필요한 비용을 농민들에게 떠넘겨 농민들의 부담이 커졌답니다.

그 당시 우리 농민들은 소작료와 온갖 세금 등을 내야 하는 이중고를 겪었어요.

　산미 증식 계획으로 일제가 처음에 세웠던 목표량만큼은 아니지만 식량 생산이 점점 늘어났어요. 그와 동시에 우리 민족의 배고픔은 점점 더해 갔어요. 왜 그랬을까요? 그것은 증가한 생산량보다 더 많은 쌀을 일본으로 가져갔기 때문이었지요. 대신 일제는 만주로부터 조, 수수 등의 잡곡을 들여와 국내의 부족한 식량을 채웠답니다.

　한편 남의 땅을 빌려 농사를 짓는 소작농이 대부분이었던 농민들은 높은 비율의 소작료를 내야 했어요. 뿐만 아니라 '울며 겨자 먹기' 식으로 지주가 내야 할 토지 개량비, 수리 조합비 등의 온갖 비용을 떠안았어요. 아무리 열심히 일해도 가난에서 벗어날 수 없었지요. 그래서 고향을 버리고 살길을 찾아 도시로 가서 빈민으로 전락하거나 만주나 연해주로 떠나는 농민들이 점점 더 늘어났어요.

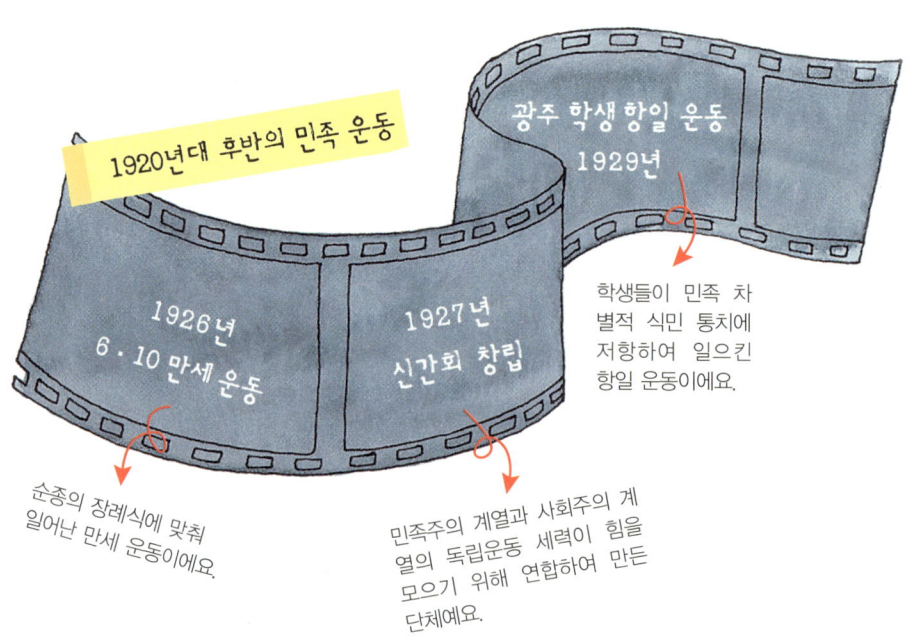

1920년대 후반의 민족 운동

1926년 6·10 만세 운동
순종의 장례식에 맞춰 일어난 만세 운동이에요.

1927년 신간회 창립
민족주의 계열과 사회주의 계열의 독립운동 세력이 힘을 모으기 위해 연합하여 만든 단체예요.

광주 학생 항일 운동 1929년
학생들이 민족 차별적 식민 통치에 저항하여 일으킨 항일 운동이에요.

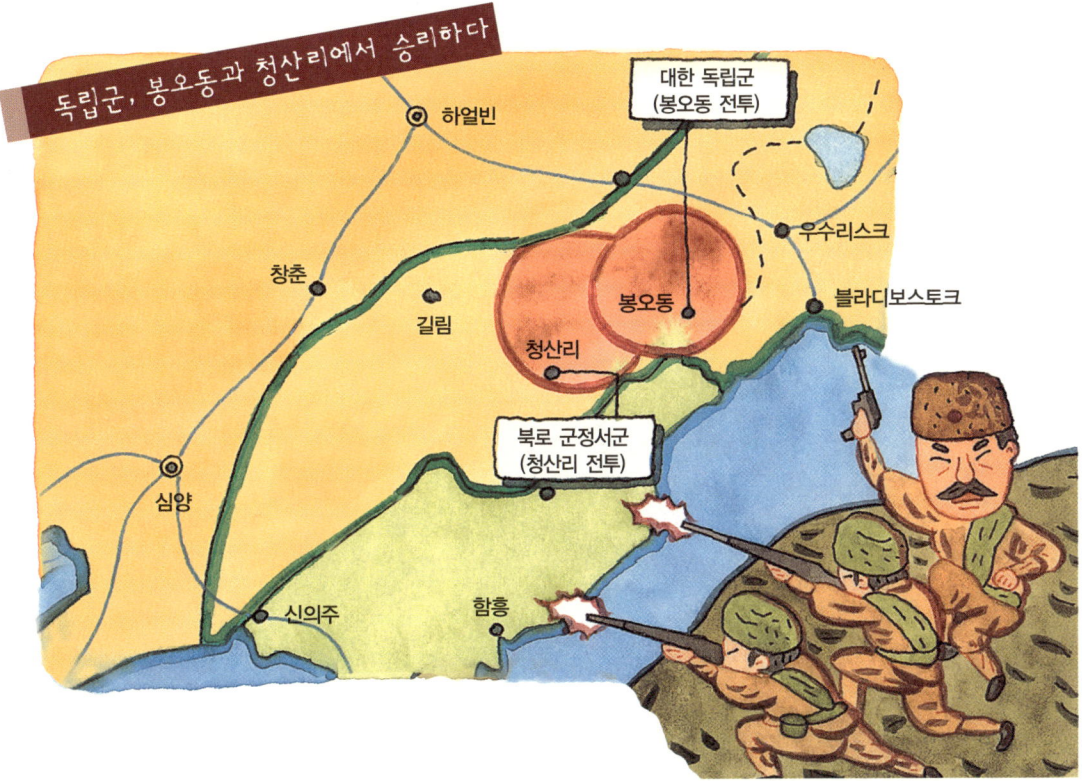

독립군, 봉오동과 청산리에서 승리하다

국내에서는 3·1 운동이 일어나 일제의 무단 통치에 타격을 주고, 상하이에서는 대한민국 임시 정부가 독립을 위한 활동을 하고 있을 무렵, 압록강과 두만강 건너 만주와 연해주 지역에서는 독립군의 활동이 활발하게 이루어지고 있었어요.

대한민국 임시 정부에서 발간한 1920년 6월 20일자 〈관보〉에는 독립군의 쾌거가 보도되기도 했지요. 독립군이 일본군을 맞아 대승을 거두었다는 소식이었어요. 바로 보름 전에 대승을 거둔 봉오동 전투 소식이었지요.

3·1 운동을 전후한 시기에 두만강 유역에서 활동한 독립군들은 국경을 넘어 국내로 들어와 일제의 통치 기구를 자주 공격했어요. 일본은 독립군을 소탕하기 위해 1920년 봄에 간도 지역으로 독립군 추격 부대를 파견했지요.

그때 독립군 연합 부대는 봉오동 주변의 깊숙한 계곡에서 매복 작전을 전개하여 일본군을 크게 무찔렀답니다. 홍범도 장군이 이끈 대한 독립군 중심의 연합 독립군 부대의 승리였지요. 그 전투를 봉오동 전투라고 해요.

그해 10월, 일본은 대규모의 군대를 파견하여 자신들에게 패배를 안겨 준 독립군을 추격했어요. 다시 한번 일본군과 독립군이 접전을 벌였지요. 그곳이 바로 청산리였어요. 독립군은 그곳에서도 크게 승리했어요.

청산리 전투에서는 김좌진 장군(북로 군정서군)과 봉오동 전투에서 승리를 거둔 홍범도 장군(대한 독립군)의 부대가 중심이 된 연합 부대의 활약이 돋보였어요.

1920년에 연속해서 맞붙은 두 전투에서 크게 패배한 일본군은 독립군 활동의 기반이 되었던 한인 촌락을 기습하여 우리 동포들을 학살하고 한인촌을 불태우는 등의 만행을 저질렀답니다. 독립군에 양분을 공급하는 뿌리를 송두리째 없애려는 속셈이었지요. 청산리 전투가 있었던 10월부터 그 이듬해 4월까지 계속된 학살로 한인 촌락은 큰 피해를 입고 말아요. 그 사건을 '간도 참변(경신 참변)'이라고 해요.

제9장 한인 애국단을 꾸려 윤봉길을 파견하다

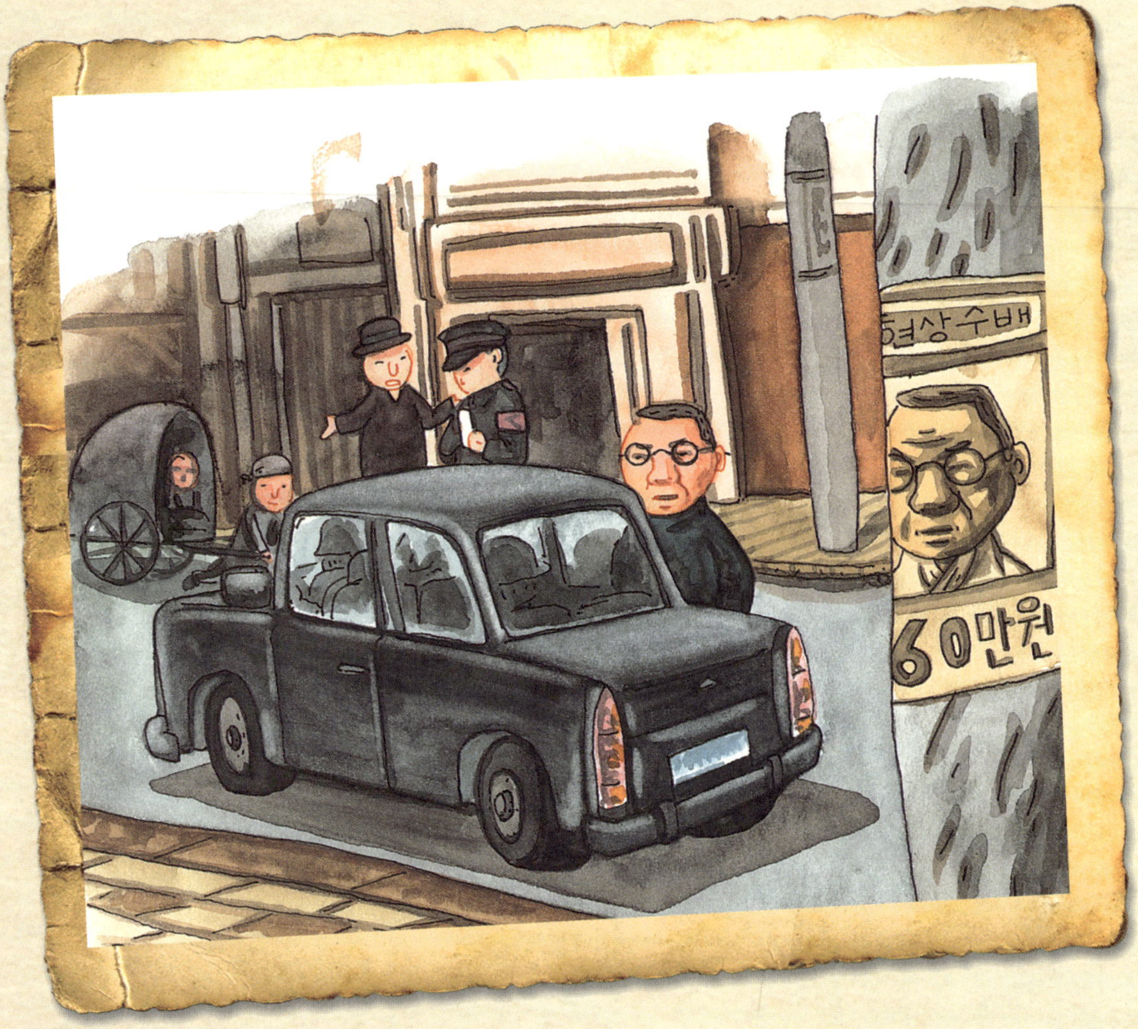

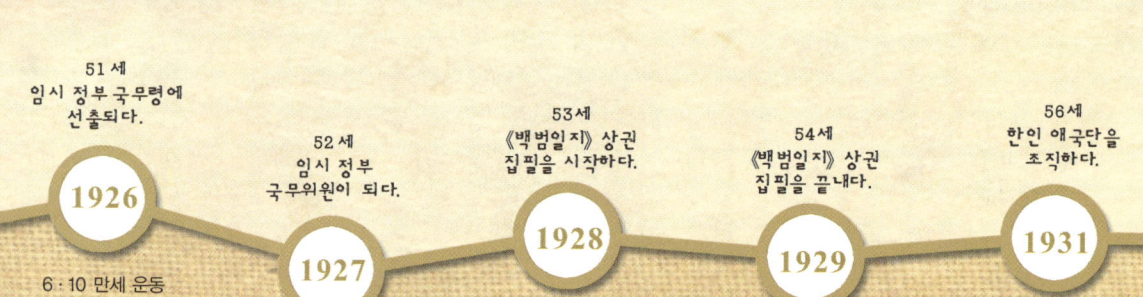

- **1926** 51세 임시 정부 국무령에 선출되다. / 6·10 만세 운동
- **1927** 52세 임시 정부 국무위원이 되다. / 신간회 창립
- **1928** 53세 《백범일지》상권 집필을 시작하다.
- **1929** 54세 《백범일지》상권 집필을 끝내다. / 광주 학생 항일 운동
- **1931** 56세 한인 애국단을 조직하다. / 만주 사변

윤봉길 의사의 의거 사건으로 나에게는 1차로 20만 원의 현상금이 걸렸습니다. 그러나 끝이어 일본 외무부와 조선 총독부와 상하이 주둔군 사령부가 각각 20만 원씩을 내어 2차로 현상금 60만 원이 걸리게 되었습니다. …… 하루는 피치 부인이 급히 2층으로 올라오더니,
"우리 집이 정탐한테 발각된 것 같으니 이 집을 떠나셔야겠어요."
하고는 아래층으로 가서 피치 선생을 전화로 불렀습니다. 그리고 부인은 나와 부부처럼 나란히 차에 앉고 피치 선생이 운전수가 되어 집을 빠져나왔습니다.

"김구를 잡아라!"
1932년 일본은 김구 선생을 체포하기 위해 현상금으로 60만 원을 걸었어요. 그 정도면 아주 큰 부자가 될 수 있을 만큼의 돈이었지요.
임시 정부의 국무령이었던 김구 선생이 임시 정부를 대표하는 인물이긴 했지만 왜 그렇게 큰돈을 현상금으로 걸었던 것일까요? 그것은 얼마 전 상하이 훙커우 공원에서 있었던 기념식장 폭파 사건 때문이었어요. 그때 한 청년이 던진 폭탄이 일본 정부의 고위 관리들을 죽거나 다치게 만들었거든요. 그 청년은 바로 25살의 윤봉길 의사였답니다. 그런데 윤봉길 의사 때문에 왜 김구 선생이 수배되었을까요?

57세
이봉창, 윤봉길
의거를 주도하다.

1932
이봉창, 윤봉길 의거

62세

1937
중일 전쟁(1937)
국민 총동원령 발표(1938)

64세

1939
제2차 세계 대전
발발

65세
임시 정부 주석에
선출되다.

1940
창씨개명 실시
대한민국 임시 정부
충칭에 도착
한국 광복군 창설

66세
대일 선전 포고를 하다.

1941
태평양 전쟁 발발

백범일지 들여다보기

1932년

1932년 4월 29일 새벽, 윤 군과 같이 김해산의 집에 가서 마지막으로 아침밥을 같이 먹었습니다. 윤 군은 마치 농부가 밭일을 나가는 것처럼 매우 일상적인 모습이었습니다.

"선생님, 지금은 상하이에서 의거를 일으켜야 민족 체면을 지킬 수 있는 상황인데, 하필 이런 중요한 때에 윤 군을 다른 곳으로 파견하십니까?"

김해산이 조용히 나에게 말했습니다.

"모험은 실제로 하는 사람에게 전권이 있는 것이오. 윤 군이 무슨 일이든 하겠지요. 어디서 무슨 소리가 나는지 들어나 봅시다."

나는 솔직하게 말할 수 없어서 두루뭉술하게 대답했습니다. 그때 마침 오전 7시를 알리는 종소리가 들렸습니다. 윤 군은 자기 시계를 꺼내더니,

"제 시계는 어제 선서식 후 6원을 주고 산 것인데, 선생님의 시계는 2원짜리입니다. 제게는 이제 1시간밖에 더 소용이 없습니다."

하며 내 시계와 바꾸자고 했습니다. 나는 기념으로 윤 군의 시계를 받고, 내 시계를 윤 군에게 주었습니다. 윤 군은 마지막 길을 떠나기 직전에 자동차를 타면서, 가지고 있던 돈도 꺼내 내 손

에 쥐어 주었습니다.

"약간의 돈을 가지는 것이 무슨 방해가 되겠소?"

"아닙니다. 자동차 요금을 내고도 5~6원은 남겠습니다."

그러는 사이 자동차가 서서히 움직이기 시작했습니다. 나는 목이 멘 소리로 마지막 작별의 말을 건네었습니다.

"후일 지하에서 만납시다."

윤 군이 차창으로 나를 향해 머리를 숙였습니다. 자동차는 엔진 소리를 높이 울리며 천하 영웅 윤봉길을 싣고 훙커우 공원으로 달렸습니다.

나는 그 길로 조상섭의 상점에 들어가 편지 한 통을 써서 점원 김영린에게 주고 급히 안창호 형에게 전달해 달라고 했습니다.

"오늘 오전 10시경부터 댁에 계시지 마십시오. 큰일이 생길 듯합니다."

편지를 보내고, 그 길로 이동녕 선생 처소로 갔습니다. 그동안의 경과를 보고하고 점심을 먹은 뒤 소식이 있기를 기다렸습니다. 마침내 오후 1시쯤 되자 곳곳에서 술렁거리는 소리가 들려왔습니다.

"훙커우 공원에서 중국인이 폭탄을 던져 일본인이 많이 죽었다."

"고려 사람의 짓이다."

그러다가 오후 두세 시경 신문 호외가 거리에 뿌려졌습니다.

> 훙커우 공원 일본인의 경축대에 대량의 폭탄 폭발!
> 민단장 가와바다는 즉사하고, 시라카와 대장, 시게미츠 대사, 우에다 중장, 노무라 중장 등 문무 대관 모두 중상!

일본인 신문에서는 중국인의 소행이라고 보도했으나, 그 다음 날 각 신문은 한결같이 윤봉길의 이름을 큰 활자로 실었습니다. 끝이어 프랑스 조계지에서 대대적인 수색을 벌였습니다.

1931 한인 애국단 조직

독립운동에 대한 기개를 보여 주다

임시 정부가 수립되었지만 기대만큼 활동이 활발하지는 못했어요. 국내외에서 꾸준히 독립을 위해 노력했지만 이렇다 할 결정적인 독립의 계기를 만들지는 못했지요. 1931년 김구 선생은 일제에 타격을 주고 독립운동에 활력을 불어넣기 위해 의열 독립운동 단체 '한인 애국단'을 조직하였어요.

청산리 전투처럼 군대를 창설하여 일본군과 정면으로 맞서 싸우는 것이 아니라 개인에게 식민 통치 파괴나 요인 암살 등의 임무를 주는 성격의 독립운동 단체였지요. 바로 이봉창, 윤봉길 의사가 한인 애국단으로 활약한 대표적인 인물들이에요. 그렇다면 윤봉길 의사 때문에 김구 선생이 수배당한 이유를 짐작해 볼 수 있겠지요?

또 다른 의열 독립운동 단체, 의열단!

"탕, 탕, 탕탕!"
조선의 한 청년이 일제 경찰에 맞서 서울 시내 한복판에서 총격전을 벌이고 있어요. 조금 전 일제 식민 통치 기구인 동양 척식 주식회사와 식산 은행에 폭탄을 투척한 청년이었지요. 얼마 동안 쫓기며 끝까지 저항하던 청년은 결국 그 자리에서 세상을 떠나고 말았어요. 그 청년은 의열단원인 나석주였어요.

의열단은 1919년 3·1 운동 이후에 길림에서 조직된 의열 독립 운동 단체였어요. 그 중심인물은 김원봉이었어요. 그 해에 종로 경찰서와 조선 총독부에 각각 폭탄을 던진 김상옥, 김익상 등도 모두 이 단체의 일원이었지요. 철저하게 숨겨진 비밀 결사 단체였어요. 가끔씩 들려오는 의열단의 의거 소식에 우리 민족은 통쾌해하며 일제 통치에 대한 울분을 풀어내곤 했답니다.

의열단과 한인 애국단의 활동은 청산리 전투나 봉오동 전투처럼 대규모의 성과를 거둔 것은 아니었지만 우리 민족의 독립에 대한 의지와 기개를 보여 주는 역할을 했어요.

중국의 백만 대군이 못한 일을 해내다

"만약 너희들이 육신이 존재하는 한, 미래에 반드시 조국을 위하여 목숨을 아끼지 않는 그러한 용사가 되거라! 그리고 태극기를 하늘 높이 달고 나의 고독한 무덤 앞으로 와 한 잔의 술을 하면서 나의 영혼을 위로해 주거라!"

의거 당일 아침 서로 바꾼 김구 선생의 시계(위)와 윤봉길 의사의 시계(아래)

어느 독립운동가가 적은 유언장 내용의 일부예요. 이 글을 남긴 이는 누구였을까요? 그는 민족의 독립을 위해 아내와 어린 아들을 조국에 남겨두고 상하이로 떠났어요. 1932년 4월 29일, 상하이 훙커우 공원에서 열린 일본 천황의 생일과 상하이 점령을 축하하는 기념식장에 폭탄을 던져 일본의 최고위급 인물들을 죽거나 다치게 한 인물이에요. 누군지 알겠다고요? 그래요, 바로 한인 애국단원이었던 윤봉길 의사예요.

1932년 1월, 이봉창 의사가 침략국인 일본의 수도 도쿄에서 히로히토 천황을 향해 폭탄을 던졌으나 실패했어요. 이봉창 의사 역시 한인 애국단 소속이었으며, 이봉창 의사를 일본에 보낸 것도 김구 선생이었지요. 윤봉길 의사가 김구 선생을 찾아간 때는 이봉창 의사의 의거 실패에 대한 아쉬움이 채 사라지기 전이었어요.

윤봉길 의사는 상하이로 건너간 후 공장 근로자, 채소 장사로 일하며 민족의 독립을 위해 일할 수 있는 때를 기다리고 있었어요. 그러던 중 한인 애국단의 단장인 김구 선생을 찾아갔지요. 사흘 후에 상하이 훙커우 공원에서 일본인들이 대규모 경축 기념식을 연다는 것을 알게 되었거든요.

의거 3일 전, 윤봉길 의사는 김구 선생이 지켜보는 가운데 태극기 앞에서 한인 애국단 입단 선서식을 갖고 의거에 대한 결의를 다졌어

나는 조국의 독립과 자유를 회복하기 위하여 한인 애국단의 일원이 되어 중국을 침략하는 적의 장교를 도륙하기로 맹세하나이다!

한인 애국단 입단 선서식 때 윤봉길 의사의 모습

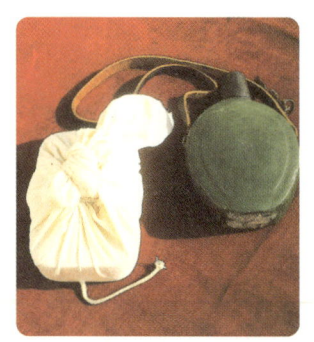

1932년 4월 29일 윤봉길 의사가 훙커우 공원에 가지고 갔던 물통 폭탄과 도시락 폭탄 모형이에요.

요. 의거 전날에는 훙커우 공원의 기념식장 주변을 돌아보고, 참석하기로 한 일본 고위 관리들에 대한 정보도 파악해 두었지요.

의거가 예정된 날, 윤봉길 의사는 김구 선생과 함께 담담하게 마지막 아침 식사를 하고서 작별한 뒤 홀로 훙커우 공원으로 향했어요. 품에는 물통 폭탄과 도시락 폭탄을 가지고 있었지요. 기념식장에 일제의 주요 인사들이 모여들고 행사의 분위기가 무르익을 무렵, 물통 폭탄을 단상 위로 던졌어요. 기념식장은 순식간에 아수라장으로 변했고, 그 자리에 있던 상하이 파견군 사령관 시라카와, 일본 거류민 단장 가와바다 등이 죽고, 제3함대 사령관 노무라 중장, 제9사단장 우에다 중장, 주중공사 시게미쓰 등은 크게 다쳤지요. 윤봉길 의사는 남아 있던 도시락 폭탄으로 자살을 시도하였으나 실패하고 일본 경찰에게 잡혔어요. 그리고 그해 12월의 어느 날 이른 아침, 결국 일본에서 처형을 당했지요.

2년 전, 고향을 떠나 온 윤봉길 의사는 '장부가 집을 나서면 살아서는 돌아오지 않겠다.'던 다짐대로 고향으로 돌아가지는 못했지만 민족의 독립운동에 큰 활력을 불어넣었지요.

당시 중국 국민당의 지도자였던 장개석도 윤봉길 의사를 극찬하며 우리 민족의 독립운동을 지원하기로 했어요.

우리가 잘 아는 김구 선생과 윤봉길 의사는 같은 시간, 같은 하늘 아래에서, 같은 뜻을 가슴에 품고 살고 있었지요.

`1940 임시 정부 충칭 도착`

상하이에서 충칭으로 가다!

윤봉길 의사의 의거 이후, 임시 정부의 국무령이었던 김구 선생에 대한 체포령이 내려져 상하이에서의 임시 정부 활동은 사실상 어려워졌어요. 비록 임시 정부가 프랑스 조계지에 있었지만 상하이가 일본에게 점령당해 활동이 위축될 수밖에 없었지요. 그래서 임시 정부는 안전한 곳으로 옮기기로 결정을 내렸어요. 13년간 머물던 상하이를 떠나 항저우, 난징, 창사, 광저우, 류저우, 치장을 거쳐 마침내 1940년 충칭에 둥지를 틀었어요. 상하이를 떠난 지 8년째 되는 해였지요.

대한민국 임시 정부의 이동
상하이로 통합된 대한민국 임시 정부는 1932년 윤봉길 의거 이후 이동을 시작했어요.

충칭은 중국 국민당 정부의 임시 수도였어요. 대한민국 임시 정부가 충칭으로 옮겨 간 데는 중국 국민당 정부의 도움이 컸어요. 충칭에서 머문 시기는 광복이 될 때까지 5년에 불과했지만 상하이에 있을 때보다 더 활발하게 독립운동을 추진했어요.

한편, 임시 정부가 상하이를 떠나 충칭에 이르는 동안 중국에서는 중일 전쟁(1937년)이 일어났고, 제2차 세계 대전(1939년)도 터졌어요. 또 태평양 전쟁(1941년) 직전의 긴장감이 고조되던 시기였지요.

충칭의 임시 정부는 연합국들이 일본과 전쟁을 벌이는 상황 속에서 각지에서 활동하던 독립군 부대들을 통합하여 한

> 선생님, 중국 국민당 정부는 왜 충칭을 임시 수도로 정했나요?

> 1937년에 일어난 중일 전쟁에서 난징이 일본군에 함락되자 충칭으로 수도를 옮긴 거예요.

> 한국 광복군의 총사령관은 지청천인가요? 이청천인가요?

> 하하, 같은 사람이에요. 본명은 지대형이에요. 신분을 숨기기 위해서 이청천, 지청천 등 여러 이름을 쓴 것이죠. '청천'은 푸른 하늘을 가진 독립된 조국을 되찾겠다는 의지가 담긴 이름이랍니다.

국 광복군을 창설했지요. 지청천을 사령관으로, 이범석을 참모장으로 했지요. 또 한국 광복군의 활동을 비롯한 독립운동의 효과적인 지도를 위해 정부 형태를 단일 지도 체제로 개편했어요. 김구 주석이 중심이 된 주석제였지요.

1941년 12월, 일본이 진주만을 기습 공격하여 일본과 미국 사이에 전쟁이 시작됐어요. 바로 '태평양 전쟁'이에요. 전쟁이 시작된 다음 날, 대한민국 임시 정부는 즉각 일본에게 선전 포고를 하고, 한국 광복군은 대일 항전을 시작해요. 영국군, 중국군 등과도 연합하여 아시아 각지에서 일본군과 맞섰지요.

한편, 한국 광복군은 미국 특수부대(OSS)의 지원을 받아 국내 진입 작전을 준비하기도 했답니다. 한반도에서 일본을 몰아내고 우리의 힘으로 광복을 이루기 위한 작전이었지요. 비행기에서 낙하산으로 뛰어내려 침투하는 훈련, 암호 해독 훈련 등의 특수 훈련도 받았

> 한국, 중국 및 서태평양으로부터 왜구를 완전히 구축하기 위하여 최후의 승리를 얻을 때까지 혈전한다!

나, 김구

어요. 하지만 아쉽게도 1945년 일본이 미국에 무조건 항복을 하는 바람에 그 계획은 물거품으로 돌아가고 말았어요. 이를 안타까워 한 김구 선생의 심정이 《백범일지》에 고스란히 남아 있지요.

한국 광복군 총사령부 성립 기념 사진(1940년 9월)

황국 신민화 정책과 병참 기지화 정책의 실시

　1930년대부터 광복을 맞을 때까지 한반도를 비롯한 전 세계의 상황은 긴박하게 돌아가고 있었어요. 1929년, 전 세계는 대공황으로 경제 위기를 맞았고, 그 어려움을 극복하기 위해 다른 나라를 침략한 나라들도 있었지요. 독일, 이탈리아, 일본과 같은 전체주의* 국가들이 그랬어요. 그 결과 1937년의 중일 전쟁, 1939년에 시작된 제2차 세계 대전, 1941년에 발발한 태평양 전쟁 등으로 전 세계가 전쟁의 소용돌이 속으로 휘말려 들었지요.

전체주의
국가를 국민보다 우위에 두고, 국민은 국가의 존립과 발전을 위한 수단으로 여기는 사상이에요.

　일제는 대륙 침략 전쟁과 태평양 전쟁을 치르기 위해 식민지 국가들을 전쟁에 필요한 물자를 공급하는 병참 기지로 만들었어요. 우리나라도 예외는 아니었지요. 조선 총독부에서 1938년에 국가 총동원령을 내렸거든요. 무기를 만드는 군수 공장을 곳곳에 세웠고, 많은 지하 자원을 약탈해 갔으며, 심지어 집에서 사용하는 금속류 생활용품들을 공출이라는 명목으로 강탈해 갔어요. 또 전쟁에 필요한 식량을 확보하기 위해 산미 증식 계획을 계속해서 추진했지요.

　그런데 강탈한 것은 물적 자원만이 아니었어요. 남자 여자 가릴 것 없이 젊은 사람들을 전쟁터나 광산으로 끌고 갔지요. 남자들은 강제 징병이나 강제 징용으로, 여자들은 군대 위안부로 끌고 갔어요. 이러한 병참 기지화 정책은 전쟁이 끝나 광복이 될 때까지 계속됐어요.

조선과 일본은 조상이 같으니 일본 말, 일본 글, 일본 이름으로 고쳐라!

일제는 민족 말살 정책으로써 창씨개명, 우리말과 글 사용 금지, 신사 참배 등을 강요했어요.

신사 참배에 대해서는 특히 기독교에서 강하게 반발하여 탄압을 많이 받았어요.

동시에 일제는 민족 말살 정책을 추진했어요. 황국 신민화 정책이라고도 하는데, 우리의 민족성을 철저하게 말살시켜 일본 천황에게 충성을 다하는 일본 신민으로 만들려는 계획이었어요. 무시무시한 헌병 경찰의 매질이 가해지던 1910년대보다 더 강하게 우리의 민족성을 말살하려 한 거예요. 왜 그랬을까요?

그것은 병참 기지화 정책과 관계있어요. 전쟁에 우리 민족을 동원하려면 우리 민족의 머리와 가슴 속에 고유의 민족성 대신에 일본에 대한 충성심을 심어야 했거든요. 그래야만 우리 민족을 전쟁터나 공장, 광산 등으로 맘껏 동원할 수 있을 것이라 생각한 거예요. 그래서 조선과 일본은 같은 조상을 가졌다느니(일선동조), 조선과 일본은 한 몸이라느니(내선일체) 하는 주장을 하면서 신사 참배나 창씨개명 등을 강요했지요.

위안부 할머니들의 수요 집회
1992년 1월부터 시작된 수요 집회는 비가 오나 눈이 오나 한 번도 쉬지 않고 계속 이어지고 있어요

학교의 교육 정책도 바꾸어 우리말과 우리글, 그리고 우리 역사 교육을 금지시켰어요.

이 할머니들은 일제 강점기에 군대 위안부로 끌려가셨던 분들이에요. 일본이 지금까지 사과나 법적인 배상을 하지 않아 일본 정부에게 항의하는 시위를 하는 것이에요. 지금까지 남아 있는 우리의 아픈 역사의 한 장면이라고 볼 수 있어요.

할머니들이 시위하는 이유가 무엇인가요?

그 대신 일본어를 가르치고 황국 신민 서사를 수시로 외우게 했지요. 심지어 1943년에 발표한 제4차 조선 교육령에는 학교에서 군사 교육을 시킬 수 있도록 하는 내용을 포함시켜 학도병을 양성할 수 있도록 했어요. 이런 격동의 시기가 흐르는 동안 김구 선생은 어느새 60대의 할아버지가 되었어요. 하지만 민족에 대한 애정과 독립운동에 대한

열정은 젊을 때와 다르지 않았지요. 오히려 대한민국 임시 정부를 이끌며 그 마음은 시간이 흐를수록 더욱 커졌어요. 김구 선생을 비롯한 수많은 독립운동가들과 이름이 알려지지 않은 우리 할아버지, 할머니의 노력으로 광복의 그날에 한 걸음 더 다가서고 있었지요.

일장기를 가린 손기정, 일장기를 지운 신문

일제의 탄압을 받던 신문들이 1937년부터 1940년 사이에 폐간되었어요. 1937년에는 여운형이 사장으로 있던 〈조선중앙일보〉가, 1940년에는 〈조선일보〉와 〈동아일보〉가 각각 폐간되었어요. 문화 정치의 실시로 신문 발행을 허용했지만 끊임없이 검열하고 탄압을 한 결과였지요.

결정적 계기는 1936년 8월에 치른 제11회 베를린 올림픽의 마라톤 시상식 사진을 실은 것 때문이었어요. 우리 민족인 손기정 선수가 우승을 한 후 시상대 위에 서 있는 사진이었어요. 당시 손기정 선수는 일제 강점기였기 때문에 일장기를 달고 일본식 이름으로 출전했어요. 그런데 그것을 보도한 〈조선중앙일보〉와 〈동아일보〉가 가슴의 일장기를 삭제하고 신문에 실었거든요.

손기정 선수의 기사를 실은 1936년 8월 25일자 〈동아일보〉
제11회 베를린 올림픽 마라톤에서 손기정 선수가 우승했어요. 〈동아일보〉는 이 기사를 실으면서 손기정 선수의 가슴에 있는 일장기를 지웠어요.

이러한 사실을 뒤늦게 알게 된 일제는 결국 신문을 폐간하도록 압력을 행사했답니다. 그 결과 〈조선중앙일보〉는 1937년에, 〈동아일보〉는 1940년에 각각 폐간되었지요. 민족 말살 정치 시기를 거치면서 다시 한 번 우리 민족의 눈과 귀를 잃게 된 것이에요.

제10장 기다리던 광복, 그러나 기뻐할 수 없었다

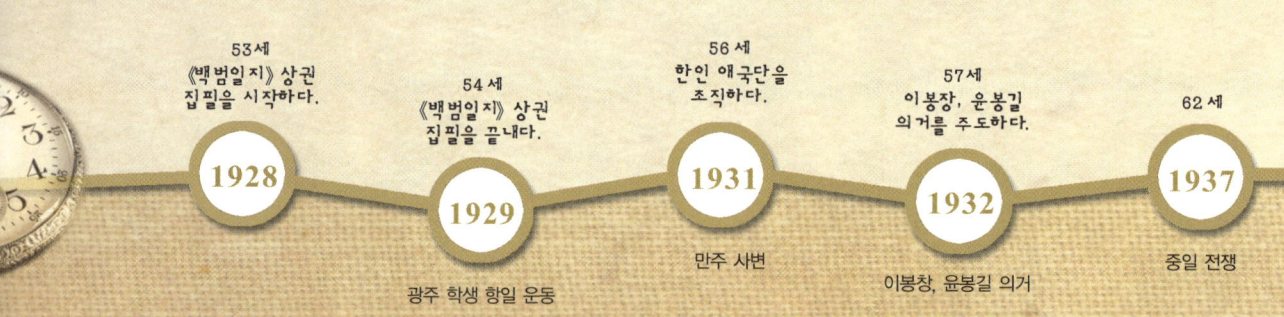

- **1928** 53세 《백범일지》 상권 집필을 시작하다.
- **1929** 54세 《백범일지》 상권 집필을 끝내다. / 광주 학생 항일 운동
- **1931** 56세 한인 애국단을 조직하다. / 만주 사변
- **1932** 57세 이봉창, 윤봉길 의거를 주도하다. / 이봉창, 윤봉길 의거
- **1937** 62세 / 중일 전쟁

"와, 만세! 만세!"
"대한 독립 만세!"
1945년 8월 15일, 일본 패전의 소식을 들은 수많은 사람들이 거리로 뛰쳐나와 맘껏 만세를 불렀어요. 수십 년간 묵은 한을 감격으로 풀어내는 모습이었지요. 1876년부터 1945년까지 70여 년의 세월 동안 일본은 우리 민족을 경제적으로 정치적으로 끊임없이 침탈해 왔어요. 강화도 조약 체결, 청일 전쟁과 러일 전쟁, 을사조약, 강제 한일 병합, 그리고 36년간의 일제 강점기, 우리 민족의 입장에서는 참으로 아픔 가득한 역사였답니다. 그 힘들었던 상황이 끝나는 듯한 순간이었지요. 김구 선생의 나이도 이제 70대로 접어들어 할아버지가 되었어요. 그런데 평생을 소원하던 일본의 항복 소식을 전해 듣고도 표정은 그리 밝지 않았어요. 일본의 패전 소식이 곧 우리 민족에게는 광복의 소식이었는데도 말이에요. 《백범일지》에 적은 기록을 보면 오히려 하늘이 무너지고 땅이 꺼지는 일이라고 표현했어요. 그 이유는 무엇이었을까요? 답은 1945년 8월 15일 이후에 전개된 우리나라의 상황을 살펴보면 잘 알 수 있어요. 거리에 만세 소리 가득했던 그 당시로 돌아가서 함께 생각해 보아요.

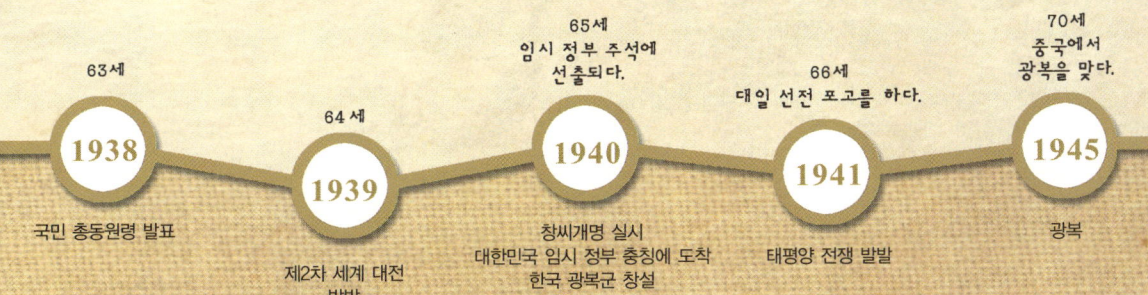

- 63세 **1938** 국민 총동원령 발표
- 64세 **1939** 제2차 세계 대전 발발
- 65세 임시 정부 주석에 선출되다. **1940** 창씨개명 실시 대한민국 임시 정부 충칭에 도착 한국 광복군 창설
- 66세 대일 선전 포고를 하다. **1941** 태평양 전쟁 발발
- 70세 중국에서 광복을 맞다. **1945** 광복

백범일지 들여다보기

1945년

광복군은 중국의 시안과 부양에서 미군과 함께 3개월 동안 비밀 훈련을 실시했습니다. 요원들을 조선으로 몰래 보낼 준비를 마쳤을 때, 나는 시안으로 가서 OSS국장 도노반 장군과 독립을 위해 앞으로 어떻게 할 것인가를 협의했습니다. 광복군 제2지대 본부 사무실에서 정면 오른쪽 태극기 밑에 내가 앉고 왼쪽 성조기 밑에 도노반이 앉았습니다. 도노반 앞에 미국 훈련 교관들이 앉고, 내 앞에 제2지대 간부들이 앉은 후, 도노반 장군이 정중하게 선언했습니다.

"오늘 이 시간부터 아메리카 합중국과 대한민국 임시 정부의 적 일본에 항거하는 비밀 공작이 시작되었다."

도노반과 내가 정문으로 나올 때 활동 사진반이 와서 촬영하고 식을 끝마쳤습니다.

우리 힘으로 이룬 것이 아니니 기뻐할 수만 없고 오히려 앞일이 더 걱정이군!

시안의 중국 친구들을 방문했습니다.

성 주석 축소주 선생은 나와 가까운 사이라서 다음 날 저녁 자기 사랑채에서 식사를 같이 하자고 했습니다. 다음 날 시안의 명소를 대강 구경하고 축 주석의 사랑채에서 저녁을 먹은 후 객실에서 수박을 먹으며 이야기를 나누는데 갑자기 전화벨 소리가 울렸습니다. 축 주석은 놀란 듯 자리에서 일어나 충칭에서 무슨 소식이 있는 듯하다며 전화실로 급히 가더니, 뒤이어 나오며 말했습니다.

"왜적이 항복한답니다!"

내게 이 말은 희소식이라기보다 하늘이 무너지고 땅이 꺼지는 일이었습니다. 수년 동안 노력한 참전 준비가 모두 헛일이 되고 만 것이었으니 말입니다. 시안 훈련소와 부양 훈련소에서 훈련받은 우리 청년들을 미국 잠수함에 태워 본국으로 침투시킨 후 조직적으로 공작하게 하려고 미 육군성과 긴밀히 합작했습니다. 그런데 한 번도 실행해 보지 못하고 일본이 항복하였으니 지금까지 들인 정성이 아깝고 다가올 일이 걱정되었습니다.

축 주석 사랑채에서 나와 큰길을 지날 때 보니 거리에는 사람들이 벌써 인산인해를 이루었고 만세 소리가 온 성안을 뒤흔들고 있었습니다. 약속한 환영 준비를 전부 취소하고 그날 밤 바로 두곡으로 돌아왔습니다.

우리 광복군은 계획했던 임무를 결국 달성하지 못하고 전쟁이 끝나 실망하고 낙담하는 분위기였지만, 미국 교관과 군인들은 기뻐서 난리였습니다. 당시 미국은 두곡에 한국 병사 수천 명을 수용할 큰 공사를 진행하고 있었는데, 그 공사도 일제히 중지시켰습니다. 나는 원래 시안에서 훈련받은 청년들을 1차로 본국에 보내고, 이어 부양에서 훈련받은 청년들을 2차로 본국에 보낼 예정이었으나, 그것 역시 물거품이 되고 말았습니다.

광복 직전까지의 한반도 주변 정세

카이로 회담이 있기 전 나는 장제스를 만나 우리나라의 완전한 독립을 지지해 달라고 했고, 이에 장제스는 그러겠다고 약속했습니다.

나, 김구

일제에게 나라를 빼앗긴 후 계속되었던 국내외의 독립운동은 1940년 임시 정부를 충칭으로 옮긴 후에는 한국 광복군을 중심으로 적극적으로 전개되었어요. 특히 태평양 전쟁이 터진 후에는 연합국인 중국, 영국의 군대와 함께 연합 작전을 전개하여 꾸준한 성과를 거두고 있었어요.

그러한 노력이 이루어지는 가운데 1943년 11월, 이집트의 카이로에 미국, 영국, 중국의 정상들이 전후 처리 문제를 논의하기 위해 모였어요. 회담에 참석한 루즈벨트 대통령, 처칠 수상, 장제스 총통은 우리나라의 문제에 대해서도 거론했어요. 회담 이후 발표한 카이로 선언에서는 "조선 인민의 노예 상태에 유의하여 적당한 시기에 자유 독립하게 할 것을 결의한다."고 하였지요. 처음으로 우리나라의 독립이 국제적으로 보장을 받은 것이었어요.

독일 포츠담에서 열린 연합국 회담에 참석한 세 정상
왼쪽부터 영국 애틀리, 미국 트루먼, 소련 스탈린이에요. 영국은 총선 패배로 인해 처칠이 귀국하고, 회담 도중 총리가 된 애틀리로 교체되었지요.

이후 전쟁을 끝내기 위한 연합국 측의 노력이 지속되는 가운데 광복을 위한 우리 민족의 노력도 1945년 뜨거운 여름까지 계속 이어졌어요. 특히 미국 전략 정보국(OSS)과 합작하여 국내에 침투할 국내 정진군을 편성하고 특수 공작 훈련을 받게 한 것은 우리 힘으로 직접 우리 땅을 찾겠다는 야심찬 계획이었지요.

독일 포츠담에서 연합국 정상들이 모여 회담을 가진 것도 그 즈음이었어요. 1945년 7월 26일 미국의 트루먼 대통령, 영국의 처칠 총리, 중국의 장

제스 총통이 회담을 가진 뒤 선언문을 발표하였고, 뒤늦게 소련의 스탈린이 합류하여 8월 8일 13개 조항의 선언문에 서명했지요.

선언문의 제8항에서 카이로 선언의 모든 조항은 이행되어야 하며 일본의 주권은 혼슈, 규슈, 시코쿠와 연합국이 결정하는 작은 섬들에 국한될 것이라고 밝혀 다시 한 번 우리나라의 독립을 확인했답니다. 카이로 선언의 내용을 이행하라는 것은 무조건 항복하라는 뜻이었지요. 하지만 이에 대해 일본은 거부의 입장을 보였고 결국 미국은 일본에 엄청난 재앙을 안겨다 준 원자 폭탄을 투하했답니다.

히로시마 원폭 투하

1945년 8월 6일 월요일 아침에 일본 히로시마 시 상공에 B-29 폭격기가 나타나 원자 폭탄을 떨어뜨렸어요. 길이 3미터, 지름 70센티미터, 무게 4톤의 원자폭탄 'MK-1 리틀보이'였지요

1945 광복

일본의 무조건 항복 그리고 광복

"우~웅."

1945년 8월 6일 아침 8시 15분경, 일본의 히로시마 상공에 미군의 폭격기 한 대가 출현했어요. '에놀라 게이'라는 이름이 붙여진 B-29 폭격기였어요. 하늘에 적국의 폭격기가 출현하자, 일본인들은 심상치 않은 일이 일어날 것이라는 불길한 예감에 휩싸였어요. 그 시각 폭격기의 조종사 폴 티베츠는 지난밤 부여받은 임무를 떠올리며 발사 버튼에 엄지손가락을 대고 발사 시점을 가늠하고 있었지요. 아주 짧은 시간이 흐른 뒤 폭격기에서 한 발의 폭탄이 투하되었어요. '리틀 보이'라는 폭탄이었지요. 폭탄 투하 직후 조종사는 빠르게 폭격기의 고도를 높였고 43여 초가 흐른 뒤, 폭격 지점에서는 강렬한 빛과 천둥치는 듯한 소리를 동반한 버섯 모양의 큰 먼지 구름이 일어났어요. 인류 역사상 최초로 원자 폭탄이 사용된 순간이었어요. 사흘 후인 8월 9일에는 나가사키에도 '팻 맨'이라는 원자 폭탄을 투하했어요. 두 번의 원자 폭탄 공격으로 죽거나 다친 사람들, 그리고 방사능에 노출되어 후유증을 앓게 된 사람들이 수십 만 명에 달했지요.

원자 폭탄 이전부터 계속되어 온 미군의 폭격 때문에 피해를 입어 온 일본은 더 이상 버틸 수가 없었어요. 이미 제2차 세계 대전을 일으킨 이탈리아와 독일이 각각 1943년 9월과

고쿠라는 기상 악화 때문에 폭탄을 투하하지 못했어요. 대신 나가사키에 투하했지요.

1945년 원자 폭탄으로 폐허가 된 히로시마 돔 건물과 주변

1945년 5월에 패배를 인정했고, 나가사키 원자 폭탄 투하 직전에 소련까지 연합국에 가담하여 일본과의 항전을 선포한 상태였기 때문에 일본의 패전은 시간문제였거든요. 그런 상황 속에서 두 번의 원자 폭탄 피해를 입었으니 완전히 싸울 의지를 잃고 만 것이지요.

일본 정부는 곧 전쟁을 끝내는 선언을 하기로 결정했어요. 1945년 8월 14일, 미국과 영국에 포츠담 선언의 내용대로 무조건 항복하겠다는 뜻을 전달했어요. 그날 밤, 일본 도쿄 궁내성에서 히로히토 일본 천황은 침울한 목소리로 다음 날 발표할 종전 선언을 녹음했지요.

드디어 8월 15일 정오, 간밤에 녹음한 천황의 항복 선언은 라디오를 통해 전국으로 퍼져 나갔어요. 이로써 제2차 세계 대전은 끝이 났고 우리 민족도 일제의 식민 통치로부터 벗어나게 되었지요. 온 국민이 큰 함성으로 만세를 부르며 거리로, 거리로 뛰쳐나왔어요.

하지만 김구 선생의 우려대로 우리 힘으로 일본의 항복을 받아낸 것이 아니었답니다.

천황의 발표에는 '항복', '패전' 대신에 전쟁을 끝낸다는 표현을 썼답니다. 일본은 오늘날에도 8월 15일을 종전 기념일로 정하고 있어요.

시국을 수습코자 신민들에게 고하노라……. 제국 정부로 하여금 미·영·소·중 4국에 그 공동 선언(포츠담 선언)을 수락할 뜻을 통고케 하였다.

그때 폭격당한 건물이 아직도 남아 있어요?

히로시마의 '원폭 돔'이라고 부르는 건물이에요. 일본인들이 겪은 핵무기가 얼마나 무서운지 그 참상을 알리기 위해 지금까지 남겨 두었지요. 1996년에는 세계 문화유산으로 등재되었어요.

원폭 투하 당시 모습 그대로 남아 있는 히로시마의 돔 건물

미군과 소련군이 들어오고 38선이 그어지다

선생님, 소련의 대일 선전 포고가 왜 걱정스러운 일인가요?

김구 선생의 우려는 미국과 소련의 한반도 진입으로 현실이 되었어요. 소련은 히로시마 원자 폭탄 투하 이후 재빨리 일본에 대해 선전 포고를 하고 참전했어요. 원래 소련의 참전 결정은 1945년 2월에 열린 얄타 회담에서 이루어졌지요. 일본과의 전쟁에서 연합국이 승리하기 위해서는 소련의 힘이 필요했거든요. 하지만 소련은 참전을 지연시키다가 원자 폭탄 공격이 시작되자 참전 결정을 내린 거예요. 전쟁이 끝난 후에 한반도 주변 지역에서 영향력을 갖기 위한 속셈이었지요.

소련은 참전 직후 무조건 항복한 일본군을 무장 해제시킨다는 이유로 우리나라의 북쪽으로 들어왔어요. 그로 인해 38선이 그어졌고, 그것이 민족의 분단과 6·25 전쟁이 일어나는 원인이 되었기 때문이에요.

원자 폭탄 공격을 받은 일본은 소련의 선전 포고가 있은 지 일주일이 채 지나지 않아 항복했답니다. 이후 소련군은 한반도의 북쪽에서 남쪽을 향해 진입해 들어왔어요. 일본군을 무장 해제시키고 항복을 받아낸다는 명분이었지요.

한편 미군은 8월 11일 소련군이 거침없이 남쪽으로 밀고 내려올 것에 대비해 위도 38도선, 즉 38선을 경계로 북쪽은 소련군이, 남쪽은 미군이 나누어 맡자고 제안했어요. 그 결과 한반도의 남쪽과 북쪽에는 각각 미군과 소

(한국 전쟁이 휴전된 뒤 정해진 남북 경계선) **휴전선**

소련군

38선

미국군

지금은 38선이 아니라 휴전선으로 남아 있지요. 그것은 아직 남북한 간의 전쟁이 끝난 것이 아니라 휴전 협정이 체결된 상태라는 뜻이에요.

련군의 군사 정부가 세워졌지요.

그때 그은 38선은 지도 위에만 그어진 것이 아니라 우리 민족의 역사와 가슴에도 굵직하게 그어져 지금도 지우지 못한 채 휴전선으로 남아 있답니다. 6·25전쟁이라는 동족상잔의 비극이 일어난 후에 전쟁 후유증과 대립으로 남북한 사이에 골이 더 깊게 파이게 된 것이지요.

마을을 지나는 길 위에 38선이 그어져 있어요. 같은 마을의 이웃이 남북한으로 나뉜 것이지요.

미국은 소련보다 늦은 9월 초에 한반도의 남쪽으로 들어왔어요. 9월 8일, 하지 중장이 이끈 미군이 제물포항으로 들어왔고, 그 이튿날 하지 중장과 마지막 총독이었던 아베 노부유키가 종전 협정에 서명했어요. 전쟁이 절차에 의해 공식적으로 끝난 거지요. 하지만 안타까운 것은 항복한 일본의 국기가 내려진 대신 펄럭거리며 게양된 것은 우리의 태극기가 아니라 미국의 성조기라는 사실이었어요. 광복을 기뻐하며 거리로 나선 사람들의 손에는 태극기가 들려 있었지만, 현실은 우리 민족의 소망과는 전혀 다른 방향으로 전개되고 있었지요.

항복한 일본의 일장기 대신 우리 나라의 태극기가 게양되지 못하고 미국의 성조기가 게양되었어요.

해외 독립운동가들, 속속 국내로 들어오다

한반도가 38선으로 나뉘고 있을 무렵, 해외에 머무르던 수많은 동포들이 속속 귀국하기 시작했어요. 그중에는 나라를 되찾기 위해 노력한 독립운동가들도 있었지요. 충칭 임시 정부의 주석이었던 김구 선생도 그중의 한 명이었어요. 그들은 벅찬 감격과 함께 나라를 빼앗겼던 시절의 아픈 기억을 떠올리며 다시는 그런 일을 겪지 않겠다는 마음이었어요. 그러기 위해서는 미국과 소련 등 외세를 돌려보내고 우리의 힘으로 새로운 국가를 세우려는 노력이 필요했지요.

국내에서 광복의 순간을 맞았던 독립운동가들도 많이 있었어요. 그중 한 명만 소개해 볼게요. 그 인물은 1930년대에는 〈조선중앙일보〉의 사장이었고, 광복 1년 전인 1944년 8월에 조선 건국 동맹을 비밀리에 만들어 광복을 준비하기도 했지요. 바로 여운형이에요. 중일 전쟁 기간 동안 일본은 여운형에게 중국으로 가서 중국과 일본 사이의 대립을 완화시켜 달라고 부탁하기도 했어요. 일본이 항복을 발표하던 날 아침에는 조선 총독부의 2인자였던 정무총감이 그를 불러서 항복 발표 예정을 미리 알려 주고 치안 유지를 맡기기도 했었지요. 그만큼 국내에 있던 독립운동가 중에서 큰 영향력을 가진 인물이었어요.

광복 후 충칭의 임시 정부 요인들을 비롯한 해외에서 활동하던 독립운동가들이 귀국하였어요.

여운형은 광복이 되자 조선 건국 준비 위원회를 조직하여 새로운 나라를 건설하기 위해 준비했어요. 9월 6일에는 조선 인민 공화국의 수립을 발표했지요. 미군이 들어오기 전에 남한을 대표할 정부가 있음을 내세우기 위함이었어요. 하지만 사회주의자들이 주로 참여했기 때문에 민족주의 계열에서는 적극적으로 나서지 않았고, 10월 10일 미군정에서도 조선 인민 공화국의 수립을 승인하지 않는다는 발표를 해 결국 해체되고 말았지요.

1945년 8월 15일, 여운형이 광복 직후 휘문중학교에서 시민들과 함께 광복을 기뻐하고 있어요.

그러한 가운데 해외에서 활동하던 독립운동가 중에서 이승만이 10월 16일 미국으로부터 귀국했어요. 그 뒤를 이어 김구 선생이 이끄는 임시 정부 요인들이 개인 자격으로 11월 23일과 12월 2일에 2진으로 나누어 귀국했어요. 귀국 후 이승만은 독립 촉성 중앙 협의회를 조직하여 활동하였고, 김구 선생은 임시 정부의 중심 정당이었던 한국 독립당을 중심으로 활동했답니다.

한편, 북한에서는 소련군의 지원을 받은 김일성 등의 공산주의 세력들이 조만식을 비롯한 민족주의 세력들을 제거하고 정치적 실권을 장악해 가고 있었어요.

36년 만에 광복을 맞이한 우리 민족은 미군과 소련군이 남북한에 진주한 가운데 서로 다른 길을 걷고 있었고, 남한에서는 서로 다른 성향을 가진 정치인들이 각자의 방식으로 새로운 정부를 세우기 위해 노력했답니다. 때로는 힘을 합치기도 하고, 때로는 갈등을 겪기도 하며, 대한민국 정부가 수립된 1948년 8월까지 3년 동안 여러 상황들이 긴박하게 전개되었어요.

점차 남북한에 성격이 다른 두 정권이 들어서면서 민족의 분단이 서서히 진행되고 있었답니다. 하지만 동시에 분단을 막으려는 우리 민족의 노력도 줄기차게 이어졌지요.

제11장 **나의 소원은 완전한 자주 독립이오!**

65세
임시 정부 주석에
선출되다.

1940

창씨개명 실시
대한민국 임시 정부 충칭에 도착
한국 광복군 창설

66세
대일 선전 포고를 하다.

1941

태평양 전쟁 발발

70세
귀국하다.
신탁 통치 반대
운동을 하다.

1945

광복
미군 진주
이승만 귀국
모스크바 3국 외상 회의

"내 소원은 우리나라 대한의 완전한 자주독립이오!"
김구 선생이 1947년에 쓴 〈나의 소원〉에서 밝힌 간절한 소원이랍니다.
첫 번째도, 두 번째도 그리고 마지막 세 번째 소원도 모두 우리나라의 완전한
자주독립이었어요. 이미 1945년에 광복이 되었는데, 왜 김구 선생은 여전히
자주독립을 소원했을까요? 그것은 일제는 물러갔지만 우리 민족은 여전히 다른 주변
국가들의 간섭을 받고 있었기 때문이었지요. 광복 이후 한반도로 들어온 미국과
소련을 비롯한 중국, 영국 등은 겉으로는 우리 민족의 독립을 위해 노력한다고
했지만 서로 자기 나라에 유리한 조건을 얻어내기 위해 애를 썼답니다.
그러한 상황 속에서 김구 선생을 비롯한 우리 민족은 완전한 자주독립이라는
소원을 이루기 위해 어떤 노력을 했을까요?

71세
좌우 합작 7원칙
발표를 지지하다.

1946

제1차 미소 공동 위원회 개최
좌우 합작 위원회 출범

72세
〈나의소원〉을 발표하다.
단독 정부 수립 반대
발표를 하다.

1947

제2차 미소 공동 위원회 개최
여운형 암살
한반도 문제 유엔으로 이관

73세
김규식과 남북 협상에
참여하다.

1948

유엔 소총회,
남한 단독 선거 결정

백범일지 들여다보기

1947년

"네 소원이 무엇이냐?"

하고 하나님이 물으시면, 나는 서슴지 않고

"내 소원은 대한 독립이오."

하고 대답할 것입니다.

"그 다음 소원이 무엇이냐?"

하면, 나는 또

"우리나라의 독립이오."

라고 할 것이요, 또

"그 다음 소원이 무엇이냐?"

하는 세 번째 물음에도, 나는 더욱 소리를 높여

"나의 소원은 우리나라 대한의 완전한 자주독립이오."

하고 대답할 것입니다.

동포 여러분!

나 김구의 소원은 이것 하나밖에 없습니다. 내 칠십 평생 이 소원을 위해 살아왔고, 현재에도 이 소원 때문에 살고 있으며, 미래에도 이 소원을 달성하려고 살 것입니다. 칠십 평생 독립이 없는 백성으로 설움과 부끄러움과 애탕을 겪은 나에게, 세상에서 가장 좋은 것은 완전하게 자주 독립한 나라의 백성으로 살아 보다 죽는 일입니다. 나는 일찍이 우리 독립 정부의 문지기가 되기를 원했거니와, 그것은 '우리나라가 독립국만 되면 나는 그 나라에 가장 미천한 자가 되어도 좋다.'는 뜻입니다. 왜냐하면 독립한 제 나라의 빈천이 남의 밑에 사는 부귀보다 기쁘고, 영광스럽고 희망이 많기 때문입니다.

옛날 일본에 갔던 신라의 충신 박제상이,

"차라리 계림(신라)의 개와 돼지가 될지언정 왜왕의 신하로 부귀를 누리지 않겠다."

라고 한 것이 박제상의 진정이었음을 알고 있습니다. 왜왕이 높은 벼슬과 많은 재물을 준다는 것도 물리치고 박제상은 달게 죽임을 받았으니, 그것은

"차라리 내 나라의 귀신이 되리라."

는 신조 때문이었습니다.

　근래 동포 중에는 우리나라가 어느 이웃 나라의 연방에 편입하기를 소원하는 사람이 있다고 합니다. 나는 그 말을 차마 믿으려 하지 않거니와, 만일 진실로 그러한 사람이 있다 하면 그 사람은 제정신을 잃은 미친놈이라고밖에 볼 수 없습니다. 나는 공자, 석가모니, 예수의 도를 배웠고 그들을 성인으로 숭배하지만, 그들이 합하여서 세운 천당, 극락이 있다 하더라도 그것이 우리 민족이 세운 나라가 아닐진대, 우리 민족을 그 나라로 끌고 들어가지 아니할 것입니다. 왜냐하면 피와 역사를 같이하는 민족이란 완연히 있는 것이어서 내 몸이 남의 몸이 되지 못함과 같이 이 민족이 저 민족이 될 수 없는 것은, 마치 형제도 한 집에서 살기에 어려운 것과 같기 때문입니다. 둘 이상이 합하여서 하나가 되자면 하나는 높고 하나는 낮아서, 하나는 위에 있어서 명령하고 하나는 밑에 있어서 복종하는 것이 근본 문제가 되는 것입니다.

우리 민족이 해결해야 할 숙제

광복이 되자 미군과 소련군이 각각 남한과 북한에 들어왔어요. 해외에서 활동하던 독립운동가들도 모두 국내로 들어왔지요. 그런데 이런 상황에서 우리 민족이 해결해야 할 숙제는 크게 두 가지였어요.

첫 번째는 일제가 남긴 잔재를 청산하고 친일파 문제를 해결하는 것이었어요. 36년간 우리를 강압적으로 지배한 일제에 도움을 주며 특혜를 누렸던 친일파를 그대로 두고는 진정한 광복이라 할 수 없었기 때문이지요. 그런데 당시 미군정은 현상 유지 정책을 내세워 조선총독부 아래에서 일하던 모든 관리들을 그대로 두었어요. 우리 민족과는 달리 미군은 친일파를 청산할 마음이 없었던 것이지요. 오히려 당시 조선 총독부에서 활동하던 사람들은 그대로 두고 자신들의 통치에 이용하는 것이 효율적이라고 판단했어요.

두 번째는 남쪽과 북쪽으로 나뉜 것이 아니라 하나로 통일된 민주 정부를 세우는 것이었어요. 광복 직전에 미국과 소련에 의해서 그어진 38선을 지우고 우리 민족의 힘으로 통일 정부를 세워야 했기 때문이지요. 미군정은 광복 직후 여운형이 만든 조선 건국 준비 위원회나 조선 인민 공화국을 인정하지 않았어요. 뒤늦게 충칭에서 귀국한 임시 정부 요인들도 개인 자격으로 입국시켰을 뿐만 아니라 임시 정부의 지위를 인정하지도 않았지요. 이러한 상황 속에

서 우리 힘으로 통일 정부를 세워야 하는 것은 당연한 과제였답니다.

김구 선생을 비롯해 뜻을 가진 사람들은 그 과제에 대해 공감했어요. 그런데 그 과제를 해결하기 위한 방법을 놓고서는 개인과 여러 세력들 간에 갈등이 있었어요. 또, 미국과 소련이 한반도에 들어와 군정을 실시하고 있는 상황에서 우리 민족이 원하는 방향으로만 상황이 전개되지는 못했지요. 당시 그런 갈등과 혼란이 계속되었어요. 더불어 그 갈등을 해결하여 민족이 안고 있는 과제들을 해결하고자 하는 노력도 끊임없이 이어졌지요.

우리 민족이 해결해야 할 숙제

1. 친일파 청산
2. 통일된 민주 정부 수립

오호, 신탁 통치라니!

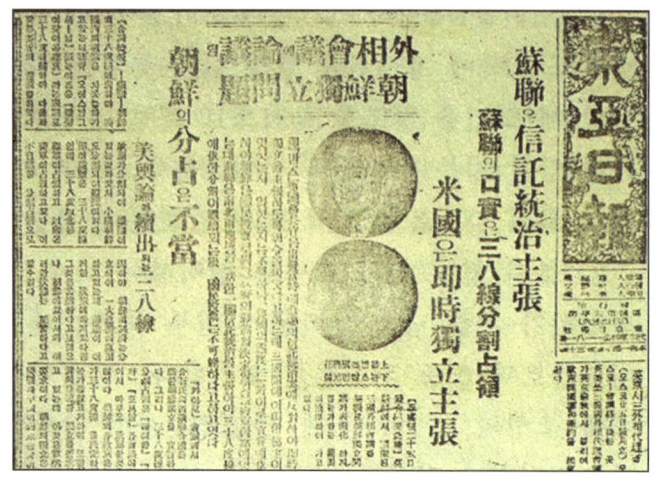

1945. 12. 27 모스크바 3국 외상 회의 결과를 잘못 보도한 〈동아일보〉
"미국이 즉시 독립을 주장한 데 대해 소련이 38선 이북이라도 점령할 목적으로 신탁통치를 제안하였다."라고 기사를 실었어요.

1945년 12월, 뜻밖의 소식이 한 신문을 통해 국내에 알려졌어요. 소련의 수도 모스크바에서 미국, 영국, 소련 3개국의 외상들이 모여 한반도 문제의 해결을 위한 회의를 열었다는 것이었어요. 이른바 '모스크바 3국 외상 회의'가 개최되었다는 소식이지요.

기억하나요? 광복 2년여 전 카이로 회담에서 우리 민족을 '적절한 절차'를 거쳐 독립시키기로 했던 결정을요. 그 '적절한 절차'를 구체적으로 논의하는 자리였답니다. 그런데 신문에 보도된 회의 결과 중에 우리 민족에게는 청천벽력과 같은 내용이 들어 있었어요. 바로 신 탁 통 치였어요. 최고 5년간 중국까지 포함한 4개

사실 〈동아일보〉의 보도는 잘못된 보도였어요. 신탁 통치를 제안한 것은 소련이 아니라 미국이었답니다. 〈동아일보〉는 며칠 뒤 정정 기사를 냈지요.

처음에는 모든 국민이 입을 모아 신탁 통치에 대해 반대했어요.

국이 우리나라를 나누어 통치한다는 것이었어요. 광복된 지 딱 4개월만의 일이었지요.

국민이 모두 나서서 반대를 했어요. 그때 그 순간만큼은 우익·좌익* 가릴 것 없이, 세력들 간의 갈등도 대립도 없이 모두 한마음이었답니다.

김구 선생은 즉각 신탁 통치 반대 국민 총동원 위원회를 결성하여 신탁 통치 반대 시위를 개최하였어요.

그런데 함께 참여했던 좌익 세력은 1946년 1월 2일, 새해가 밝자 갑자기 태도를 바꾸었어요. 모스크바 3국 외상 회의의 결정서를 확인한 뒤 그 결정을 지지한다는 것이었어요. 이에 대부분의 사람들은 모스크바 3국 외상 회의 결과를 지지하는 것은 신탁 통치에 찬성하는 것으로 여겼고, 그들 모두가 좌익 세력이라는 생각을 가지게 되었어요. 결국 우익은 반탁, 좌익은 신탁으로 편이 나뉘어 갈등이 시작되었답니다.

한편 김규식, 여운형 등의 중도 세력은 무엇보다 임시 정부를 수립하는 것이 우선이므로 좌우 세력이 힘을 합쳐 정부를 세운 뒤에 신탁 통치 문제를 해결하자는 입장이었어요. 그러나 짧은 기간에 뜨겁게 달궈진 좌우익 세력 간의 대립 속에서 어느 한쪽의 지지도 받지 못하였답니다.

모스크바 3국 외상 회의 결정서(요약)
1. 조선에 임시 민주주의 정부를 수립한다.
2. 조선 임시 정부 구성을 위해 미국과 소련의 대표자들이 공동 위원회(미·소 공동 위원회)를 설치한다.
3. 미·소 공동 위원회는 조선 임시 정부와 협의하여 미·영·소·중 4국 정부가 최고 5년 기간 동안 신탁 통치 협약을 작성한다.
4. 2주일 이내에 조선에 주둔하는 미국과 소련 양군 사령부 대표들의 회의를 소집한다.

우익·좌익
우파와 좌파라고도 하며, 정치적으로 서로 다른 입장을 가진 진영을 일컬어요. 주로 우익은 자본주의를 지지하는 세력, 좌익은 사회주의를 지지하는 세력이었어요.

신탁 통치 반대 국민 총동원 위원회 시위

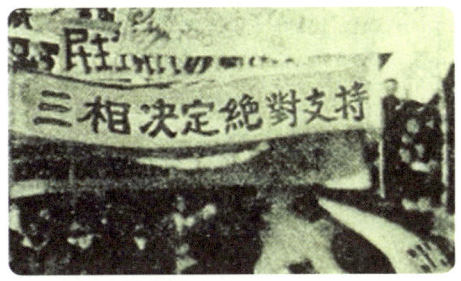
모스크바 3국 외상 회의 결정을 지지하는 대회

좌익과 우익이 힘을 합쳐 통일 정부를 세우자!

덕수궁 석조전에서 1946년과 1947년 두 번에 걸쳐서 미소 공동 위원회가 열렸어요.

매일매일 신탁 통치 반대 시위가 일어나고 있는 가운데 모스크바 3국 외상 회의의 결정대로 미소 공동 위원회가 덕수궁 석조전에서 열렸답니다. 1946년 3월 20일이었어요. 회의장 주변은 이미 개나리가 활짝 핀 봄 날씨였지만 회의장 안의 분위기는 차가운 겨울 날씨였답니다. 처음부터 미국과 소련 간의 의견 차이로 회의 진행이 삐걱거렸거든요. 두 나라는 논의의 본론으로 들어가기도 전에 임시 정부 수립에 대해 함께 논의할 정당과 사회단체 선정을 둘러싸고 한 치의 양보도 없이 대립하였어요. 미국은 표현의 자유를 이유로 내세우며 모든 정당과 사회단체를 참여시켜야 한다고 했어요. 반대로 소련은 모스크바 3국 외상 회의의 결과에 반대하는 정당이나 사회단체들과 어떻게 논의를 할 수 있느냐는 입장이었지요. 결국 2개월을 끌던 회의는 5월에 아무런 결론을 내지 못한 채 흐지부지 끝나고 말았답니다.

이에 국내에서는 서로 다른 반응들이 나타났답니다.

먼저 단독 정부 수립 운동이 고개를 들기 시작했어요. 이승만은 1946년 6월 3일, 미소 공동 위원회가 다시 열릴 기색이 보이지 않고 통일 정부를 세우기가 쉽지 않을 것 같으니 남한만이라도 정부를 세우자는 연설을 했답니다. 처음으로 남한 단독 정부 수립을 주장한 사건이었지요. 그 주장에 찬성한 이들도 있었지만 통일 정부를 세우기 위해 노력해야 한다는 뜻을 가진 쪽에서는 우려를 나타냈답니다.

그러한 우려 속에서 나온 대안이 좌우 합작 운동이었어요. 진정한 통일 정부를 세우기 위해서는 좌익과 우익이 대립하지 말고 뜻을 모아 노력해야 한다는 주장이었지요. 좌익이나 우익 어느 한쪽이 단독으로 세운 정부는 바람직하지 못하다는 주장이었어요. 이는 이승만의 단독 정부 수립 운동과는 다른 방향의 의견이었어요. 좌우 합작 운동은 각각 좌

제1차 미소 공동 위원회 결렬 이후에 단독 정부수립을 주장한 이승만(오른쪽), 좌우 합작 운동을 추진한 여운형(왼쪽). 여운형과 김규식은 좌우 합작 운동을 펼쳤지만 좌익이나 우익 어느 쪽에서도 적극적으로 참여하지 않아 뚜렷한 성과는 없었어요.

좌우 합작 위원회는 '좌우 합작 7원칙'을 발표했고, 나는 이를 지지하는 성명을 발표했습니다.

나, 김구

익과 우익의 중도파였던 여운형과 김규식이 앞장섰지요.

드디어 그해 7월에 좌우 합작 위원회가 결성되었어요. 하지만 좌익과 우익의 입장 차이가 크고 단독 정부 수립의 움직임이 나타나는 바람에 제대로 성과를 내지 못했어요. 우익 일부에서 단독 정부 수립 운동을 밀어붙이고 있었고, 좌익에서도 친일 민족 반역자 배제, 주요 산업 국유화, 토지 개혁 등을 주장하면서 서로의 입장만 내세울 뿐 한치도 양보하지 않았지요.

그 와중에 1947년 5월 다시 제2차 미소 공동 위원회가 열렸어요. 하지만 미국과 소련의 입장 차이만 확인하고 또다시 결렬되고 말았지요. 두 나라 사이에 냉전이 심화되고 있어 의견을 하나로 모으기가 쉽지 않은 상황이었거든요.

냉전이란 '차가운 전쟁'이라는 뜻으로 무기를 쓰지 않는 이념 대립을 의미하는 말이에요. 2차 대전 직후 미국 중심의 자본주의 진영과 소련 중심의 공산주의 진영 간의 이념 대립을 이르는 말이지요.

한편 제2차 미소 공동 위원회가 성과 없이 끝난 직후에 좌우 합작 위원회를 이끌어 오던 여운형마저 우익 청년에게 암살되고 말았어요. 지금까지 진행되어 오던 좌우 합작을 위한 노력에 찬물을 끼얹는 사건이었지요. 결국 좌우 합작을 통해 통일 정부를 세우겠다던 간절한 소망은 물거품이 되고 말았답니다. 모스크바 3국 외상 회의에서 정한 원칙에 따라 정부를 수립하는 일은 제자리를 맴돌고 있었지요. 바로 그때 미국이 새로운 제안을 했어요.

선생님, 냉전이 무슨 뜻인가요?

통일 정부인가, 단독 정부인가?

미국의 새로운 제안은 한반도의 문제를 유엔(국제 연합)으로 넘기자는 것이었어요. 소련은 유엔이 미국의 영향력이 크게 작용하는 국제 기구이므로 찬성할 수 없다고 했어요. 이런 소련의 반대에도 불구하고 한반도의 문제는 유엔으로 넘겨졌지요. 이에 소련은 두 나라의 군대가 동시에 철수하여 한국인들 스스로 문제를 해결하도록 하자는 제안을 유엔에 제출했어요.

그런데 소련의 제안은 1947년 11월에 열린 유엔 총회에서 통과되지 못했고, 대신 '유엔 감시 하에 남북 총선거를 통한 통일 정부 수립 방안'이 결정되었어요. 그 결정에 따라 유엔 한국 임시 위원단이 우리나라에 파견되었지요.

하지만 소련과 북한은 임시 위원단의 방북을 거부했어요. 그러자 미국은 다시 유엔에 이 문제를 넘겼고, 1948년 2월 26일에 열린 유

광복 이후의 상황이 조금 복잡하죠? 아래 표를 보고 흐름을 정리해 보세요.

엔 소총회에서는 선거가 가능한 지역에서만이라도 총선거를 실시한다는 결정을 내렸답니다. 선거가 가능한 지역에서의 총선거 실시란 남한 단독으로 선거를 실시한다는 의미였지요.

이 결정은 그동안 통일된 민주 정부를 구성하겠다던 우리 민족의 바람에 찬물을 끼얹는 소식이었어요. 더 나아가 그대로 시행한다면 남북 분단 정부의 수립으로 이어질 가능성을 키운 결정이었답니다.

국내에는 그 결정에 찬성하는 사람들도 있어 신탁과 반탁으로 나뉘어 대립하던 상황이 통일 정부 수립과 단독 정부 수립

1945.8.15 광복

1945.10.16 이승만 귀국

1945.11.23 김구 귀국

1945.12.16 모스크바 3국 외상 회의

1946.3.20 제1차 미소 공동 위원회

을 두고 대립하는 상황으로 바뀌고 있었답니다.

김구 선생의 〈나의 소원〉이라는 글도 이러한 시대적 배경 속에서 나왔어요. 이미 일본으로부터 독립은 했지만 미국과 소련을 비롯한 강대국들의 간섭은 여전했답니다. 김구 선생의 소원이 완전한 자주독립일 수밖에 없었던 이유를 이해할 수 있겠지요?

1948년 새해부터 김구 선생은 남한 단독 선거의 실시를 막고 통일 정부를 수립하기 위해 더욱 본격적으로 활동하였답니다.

나의 소원은 첫째도, 둘째도, 셋째도, 우리나라 대한의 완전한 자주독립이오!

나, 김구 또 이 말을 하는 나의 심정을 알아주길 바라오!

1946.7 좌우 합작 위원회 출범

1947.5.21 제2차 미소 공동 위원회

1947.7.19 여운형 암살

1947.11.14 유엔 총회에서 남북한 총선거 결정

1948.2.26 유엔 소총회에서 남한 단독 선거 결정

제12장 끝내 이루어지지 못한 소원

"한국이 있어야 한국 사람이 있고, 한국 사람이 있고야 민주주의도, 공산주의도, 또 무슨 단체도 있을 수 있는 것이다. 그러면 우리의 자주독립적 통일 정부를 수립하려 하는 이때에 있어서 어찌 개인이나 자기 집단의 사리 사욕에 탐하여 국가 민족의 백년대계를 그르칠 자가 있으랴? …… 마음속의 38도선이 무너지고야 땅 위의 38도선도 철폐될 수 있다. …… 현시(現時)에 있어서 나의 유일한 염원은 3천만 동포와 손을 잡고 통일된 조국의 달성을 위하여 공동 분투하는 것뿐이다. 이 육신을 조국이 수요한다면 당장에라도 제단에 바치겠다. 나는 통일된 조국을 건설하려다 38도선을 베고 쓰러질지언정 일신에 구차한 한일을 취하여 단독 정부를 세우는 데는 협력하지 아니하겠다."

- '삼천만 동포에게 읍고함' (1948.2.10) -

71세
좌우 합작 7원칙
발표를 지지하다.

1946
제1차 미소 공동 위원회 개최
좌우 합작 위원회 출범

72세
〈나의 소원〉을 발표하다.
단독 정부 수립 반대
발표를 하다.

1947
제2차 미소 공동 위원회 개최
여운형 암살
한반도 문제 유엔으로 이관

1948년 봄, 김구 선생의 나이 73세가 되던 해였답니다. 유엔 소총회에서 남한만의 단독 선거 결정이 내려진 해이기도 하지요. 그 당시에 일흔 살이 넘었다면 건강 문제 때문이라도 많은 일을 하기가 쉽지 않았을 거예요. 하지만 김구 선생은 그 이듬해 1949년 6월 26일 세상을 떠날 때까지 통일 정부 수립을 위해 많은 애를 썼답니다.
'삼천만 동포에게 읍고함'이라는 글에서도 알 수 있듯이 김구 선생이나 우리 민족의 입장에서는 통일 정부를 수립하는 일이 일제로부터 독립을 얻어내고자 싸웠던 것만큼이나 중요하게 여겨졌기 때문이에요.
이제 김구 선생 일생에서 마지막 시절 이야기를 하려 합니다.
과연 1948년 봄부터 어떤 일이 있었던 것일까요?

백범일지 들여다보기

1893년(18세)

동학 농민군의 접주가 되다.

1896년(21세)

치하포에서 일본군 중위를 죽이다.

1932년(57세)

윤봉길에게 의거 지시를 내리다.

1945년(70세)

신탁 통치 반대 운동에 나서다.

1903년(28세)

애국 계몽 운동을 벌이다.

1919년(44세)

대한민국 임시 정부에서 활동하다.

1948년(73세)

통일 정부 수립 운동에 나서다.

나의 삶은 참 파란만장했어요. 그것이 칠십 평생 독립이 없는 백성으로 살다 갈 수밖에 없던 나의 삶이었습니다.

통일 정부 수립을 위해 남북 협상을 벌이다

"찰칵!"

1948년 4월 19일, 김구 선생을 포함한 일행은 38도선 팻말 앞에서 기념사진을 찍었답니다. 북한으로 향하던 길이었지요. 사회주의자도 아닌 김구 선생이 소련군이 주둔하고 있는 북한 땅으로 넘어간 이유는 무엇이었을까요?

1949년 4월 19일 북한의 주요 인사들을 만나기 위해 북한으로 넘어가는 길에 38도선 앞에서 찍은 사진이에요.

두 달 전인 2월 26일, 유엔 소총회에서 남한 단독 선거를 결정한 사실 때문이었답니다. 그 결정을 반기는 사람들도 있었지만 한반도가 분단될 수도 있다는 심각한 위기로 받아들인 사람들도 있었어요. 그들은 그 위기를 이겨내기 위해서 남한과 북한의 지도자 사이에 협상이 필요하다는 생각을 하게 되었답니다. 물론 자주적인 통일 정부를 세우기 위한 협상이었지요. 그 협상을 추진했던 대표적인 인물이 김구 선생과 좌우 합작 운동을 추진했던 김규식이었어요. 이른바 '남북 협상'을 위한 움직임이 시작되었던 것이지요.

유엔 소총회의 결정이 있기 전인 1948년 2월 16일 김구 선생과 김규식은 이미 북한에 남북 협상을 제시했어요. 그 당시 북한에서 대표성을 가진 인물은 김일성과 김두봉이었지요. 그들은 오랫동안 답이 없다가 3월 25일에야 4월에 평양에서 만남을 갖자는 연락을 해 왔어요. 김구 선생은 남한 우익 쪽의 거센 반대를 무릅쓰고 북한에서 열리는 협상에 참여하기로 마음먹었답니다. 그리고 38도선을 넘었지요. 이른바 '남북 협상'이 이루어진 것이에요. 4월 말에서 5월 초까지의 북한 방문을 통해 몇 가지 내용을 합의한 김구 선생 일행은 5·10 총선거 예정일을 닷새 앞둔 5월 5일에 서울로 다시 돌아왔답니다. 하지만 남한에 주둔한 미국이나 북한에 주둔한 소련은 그 합의 내용을 인정하지 않았어요. 또 남한에서 단독 정부 수립 운동을 추진하던 이승만과 한민당 쪽에서는 남북 협상에 참여했던 김구 선생 일행을 비판하기도 했지요.

한편, 유엔 결정에 따른 5·10 총선거 실시를 위한 준비도 변함없이 진행되고 있었답니다.

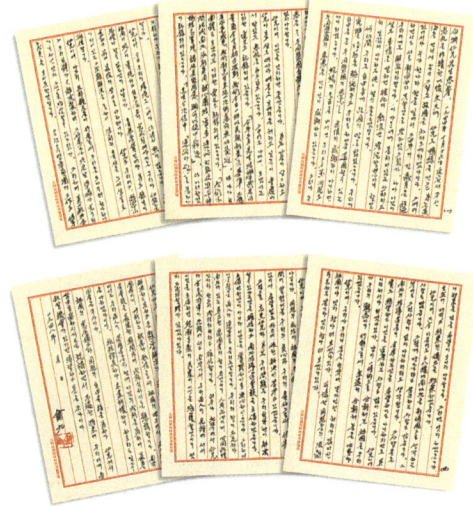

1948년 2월에 백범이 남북 협상을 제의한 서신이에요.

남북 협상에서 합의한 내용
- 외국 군대의 즉시 철수
- 내전 방지를 위한 공동의 노력
- 통일 임시 정부 수립 절차 합의
- 남한만의 단독 선거 반대

남한 단독 선거 결정을 받아들인 사람들은 누구였나요?

1946년에 정읍에서 단독 정부 수립이라도 해야 한다고 했던 이승만과 한민당 쪽 사람들이었어요. 주로 우익 쪽 사람들이었지요.

그럼, 남북 협상이 직접적인 성과 없이 끝났다고 해서 아무 의미도 없었던 것일까요? 그렇지는 않아요. 비록 남북 협상이 남한 단독 선거의 실시를 막거나 통일 정부를 수립하는 등의 눈에 보이는 성과를 거두지는 못했지만, 우리 민족 스스로의 힘으로, 자주적으로 통일을 이뤄내야 한다는 의지와 노력을 보여 준 사건이랍니다.

> 1948 제주 4·3 사건

기억에서 지워지지 않는 제주의 하루 그리고!

우리 민족의 남한 단독 선거 반대와 통일 정부 수립을 위한 노력에도 불구하고 남한 단독 선거일인 5월 10일이 점점 다가오고 있었어요. 단독 선거 실시에 대한 찬성과 반대 입장에 선 사람들의 대립도 점점 더 심해지고 있었지요. 총선거 실시 이야기를 하기 전에 잠시 제주도로 한번 가 볼까요? 갑자기 웬 제주도냐고요? 그 당시 제주도에서 5·10 총선거를 앞두고 현대사에서 빼놓을 수 없는 큰 사건이 일어났거든요. 제주도 사람들의 기억 속에서는 결코 지워지지 않는 사건이기도 하지요. 바로 제주 4·3 사건이랍니다.

섬 지역인 제주도는 다른 지역보다 남한만의 단독 선거를 반대하던 사람들의 저항이 거셌어요. 김구 선생이 단독 정부 수립 운동에 반대하고 있을 때 좌익 쪽에서도 계속 반대 운동을 했답니다. 그들 중의 일부가 제주도로 들어가서 반대 운동을 전개했지요. 그러던 중 4월 3일 제주도에서 무기로 무장한 좌익 쪽 사람들과 일부 주민들이 단독 선거 실시에 대해 거세게 저항한 사건이 발생하였답니다. 미군정에서는 경찰, 군인들, 그리고 우익 청년들을 동원해 진압하려 했지요. 하지만 서로 무

1948년 4월 3일의 제주도
제주도에서는 단독 정부 수립을 반대하는 운동을 강제로 진압해 많은 사람들이 희생되었어요.

장을 하고서 대치했기 때문에 무력 충돌까지 발생했어요. 그 과정에서 수많은 제주도 사람들이 희생되었지요. 누가 좌익인지, 누가 단독 선거를 반대하는지 정확하게 구별해서 진압한 것이 아니라 무차별적으로 진압하다 보니 많은 희생자가 생긴 것이에요.

하지만 정부의 의도대로 완전히 진압되지도 않았어요. 그로 인해 제주도 세 곳의 선거구 중 두 곳에서 선거가 이루어지지 못했어요.(제주 지역의 국회의원 선거는 1년 뒤 1949년 5월 10일에 다시 실시되었음.) 그해 8월 15일에 정부가 수립된 이후에도 제주도의 저항과 그에 맞선 정부의 진압은 계속되었고 희생자도 계속 늘어났지요.

> **4·3 사건에 대한 정의**
> (4·3 특별법 제2조)
> 1947년 3월 1일을 기점으로 하여 1948년 4월 3일에 발생한 소요 사태 및 1954년 9월 21일까지 제주도에서 발생한 무력 충돌과 진압 과정에서 주민들이 희생당한 사건을 말함.

정부에서는 2000년 1월에 '제주 4·3 사건 진상 규명 및 희생자 명예 회복을 위한 특별법'을 제정하여 그 당시에 어떤 일이 있었는지 조사하기 시작였답니다. 그 결과 없었던 일이 아니라 우리 현대사의 아프지만 분명히 있었던 역사적 사실이었음을 밝혀냈어요. 이에 노무현 대통령은 2003년 10월에 조사 결과를 토대로 남로당 제주도당 무장대와 토벌대간에 무력 충돌이 일어났고, 이것을 진압하는 과정에서 국가 권력에 의한 대규모 희생이 이루어졌음을 인정했어요. 그리고 그때 희생당한 사람들의 가족과 제주도민들에게 공식 사과하였지요.

제주 4·3 평화 공원이에요. 홈페이지(http://jeju43.jeju.go.kr)에서 더 많은 자료를 볼 수 있어요.

제주도에는 화산이 만들어 낸 아름다운 자연 경관과 쪽빛 바다만 있는 것이 아니에요. 의미 있는 역사의 흔적들을 곳곳에 간직하고 있답니다. 4·3 사건이 남긴 흔적도 그중 하나이지요.

1948 5·10 총선거

우리나라 최초로 보통 선거를 치르다

마침내 1948년 5월 10일, 투표소마다 사람들이 줄을 길게 늘어 서 있는 모습을 이른 아침부터 볼 수 있었어요. 며칠 전부터는 거리 곳곳에 총선거 참여를 홍보하는 벽보와 선거에 출마하는 사람들의 얼굴들이 나붙었지요. 많은 우여곡절이 있었지만 결국 유엔 소총회의 결정대로 남한만의 단독 선거가 실시되었답니다. 당시 사람들은 난생 처음으로 투표라는 낯선 경험을 하였어요. 늘 중앙 정부에서 관리들을 임명했는데, 이제 자신들의 손으로 직접 대표를 뽑는 생소한 경험이었지요.

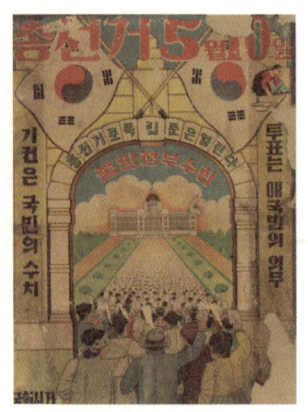

5·10 총선거 참여를 독려하는 벽보
당시 제헌 국회에서 만들어 배포한 것이에요.

1948년에 우리나라 최초로 실시한 5·10 총선거
이날 처음으로 치러진 우리나라 최초의 보통 선거였어요. 95.5%라는 높은 투표율을 보였지만 남한 단독으로 치른 반쪽짜리 선거였지요.

그런데 정부를 수립하는 과정에서 총선거를 왜 실시한 것일까요? 그전까지는 국민의 뜻과는 상관없이 정부를 구성하고 나랏일을 할 사람들을 뽑았었는데 말이에요.

총선거는 국민이 국회의원을 뽑는 선거였어요. 국회의원을 뽑아야 국회를 구성해서 헌법을 만들고 그 헌법에서 정한 절차에 의해서 대통령을 뽑고 정부를 수립할 수 있었지요. 그날 4·3 사건으로 혼란을 겪고 있던 제주도를 제외한 남한의 대부분 지역에서는 투표가 순조롭게 진행되었답니다. 투표율은 95.5%였으니 최근까지 실시된 총선거 중에서도 가장 높은 참여율이었어요.

> 보통 선거란 신분, 남녀, 빈부 등에 의해 차별을 받지 않고 일정한 나이만 되면 누구나 선거에 참여할 수 있다는 선거 원칙이에요.

하지만 5·10 총선거는 불완전한 선거였어요. 왜냐하면 제주도의 두 선거구에서 투표가 실시되지 못하였고 남북 협상을 추진했던 사람들도 선거에 참여하지 않았기 때문이에요. 물론 김구 선생도 참여하지 않았지요. 주로 무소속과 대한 독립 촉성 국민회, 한민당 등의 우익 후보들이 출마하여 당선되었답니다. 이로써 모두 198명의 초대 국회의원들이 선출되었어요.

많은 우여곡절 끝에 실시된 남한만의 단독 선거는 이렇게 마무리되었답니다.

> 모두 300석 중에서 북한을 위해 100석을 남겨 두고 남한에서는 200석의 국회의원을 뽑아야 했어요. 5·10 총선거에서는 모두 198명을 뽑았고, 제주에서는 4·3 사건 때문에 1년 뒤에 실시한 선거에서 2명의 국회의원을 더 뽑았답니다.

> 1948년 대한민국 정부 수립

광복 3년 만에 대한민국 정부를 수립하다

이제 남은 일은 대한민국 정부를 수립하는 일이었어요. 정부 수립은 총선거에서 선출된 초대 국회의원들의 몫이었지요. 그들은 제헌 국회를 구성하여 헌법을 제정하고, 헌법에서 정한 대로 대통령과 정부 조직을 구성하여 대한민국 정부를 수립하였답니다. 헌법 제1조에서 '대한민국은 민주 공화국'이라고 정하여 우리나라 역사 최초로 주권이 국민에게 있는 민주 정부가 수립된 것이지요. 광복된 지 꼭 3년 만인 1948년 8월 15일이었어요.

그럼 초대 대통령은 어떻게 뽑았을까요? 대한민국 헌법은 대통령을 국회에서 간접 선거로 뽑도록 규정하였어요. 오늘날 대통령을 국민들이 직접 뽑는 지금의 방식과는 달랐어요. 첫 대통령 후보는 이승만, 김구, 안재홍이었답니다. 선거의 결과 92.3%의 득표율로 180표를 얻은 이승만이 선출되었어요. 김구 선생은 13표, 안재홍은 2표를

헌법을 제정하기 위해 구성된 첫 번째 국회를 제헌 국회라고 한답니다. 헌법이 공포된 7월 17일을 제헌절로 정하여 온 국민이 기념하고 있지요.

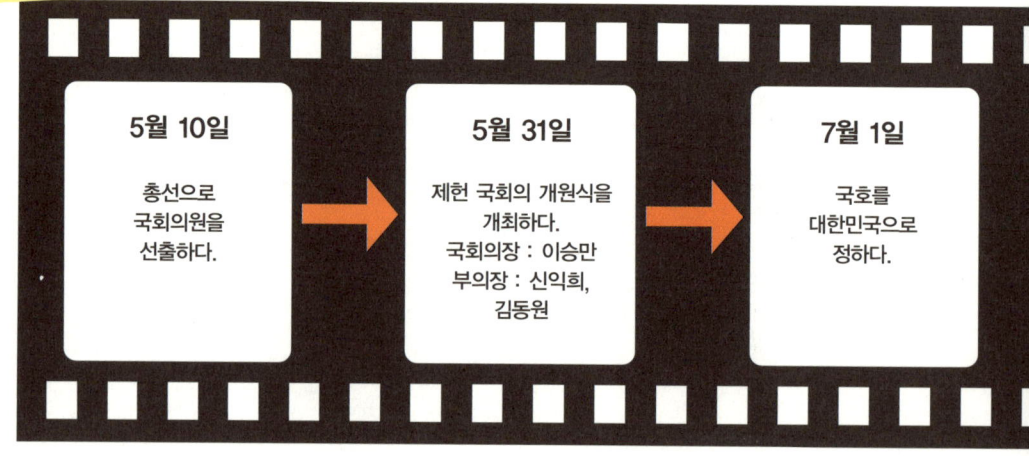

5·10 총선거 이후 3개월 동안의 대한민국 정부 수립 절차

5월 10일 총선으로 국회의원을 선출하다.

5월 31일 제헌 국회의 개원식을 개최하다. 국회의장 : 이승만 부의장 : 신익희, 김동원

7월 1일 국호를 대한민국으로 정하다.

각각 얻었지요. 이어서 실시한 부통령 선거에서는 이시영이 선출되었답니다.

남한에서 정부가 수립되고 있을 때 북한의 상황은 어땠을까요? 북한에서도 1948년 8월 25일에 정부 수립을 위한 선거가 있었어요. 남한의 국회의원과 같은 최고 인민회의 대의원을 선출하는 선거를 실시하였고, 같은 해 9월 9일에 정부 수립을 공식적으로 선포하였어요. 많은 사람들이 염려하던 대로 남한과 북한에 서로 다른 정부가 들어선 것이지요. 결국 김구 선생이 그토록 바라던 통일 정부 수립은 이루어지지 못했답니다. 북한에 들어선 정부에서는 김일성이 수상이었고 국호는 조선 민주주의 인민 공화국이었어요.

1948년 8월 15일에 '대한민국 정부 수립 국민 축하식'이라는 대형 현수막을 걸고 옛 조선 총독부 건물 앞에서 정부 수립을 선포하였어요.

대한민국은 1948년 12월에 유엔에 의해서 한반도의 유일한 합법 정부로 인정을 받았지만, 북한은 1991년에야 남북한 유엔 동시 가입을 통해 인정받게 되었답니다.

7월 12일~7월 17일	7월 20일	8월 15일
대한민국의 헌법을 의결하고, 국민에게 공포하다.	초대 대통령에 이승만, 부통령에 이시영이 선출되다.	대한민국 정부가 수립되다.

175

끝내지 못한 숙제, 친일파 청산

대한민국 헌법을 보면 이것을 제정한 국회는 1945년 8월 15일 이전의 악질적인 반민족 행위를 처벌하는 특별법을 제정할 수 있는 규정을 만들었어요.

일제 강점기에 조선 총독부는 일본인뿐만 아니라 한국인들을 식민 통치 기구의 관리로 등용하기도 했어요. 주로 친일 성향을 가진 사람들이었지요. 일제가 패망하고 조선 총독부도 문을 닫았으니 그들의 운명은 어떻게 달라졌을까요?

안타깝게도 미군이 들어와 있던 3년간은 현상 유지 정책으로 친일 관리들과 경찰들의 지위가 그대로 유지되었답니다. 미군정청은 행정의 효율을 위해서 일제 강점기의 관리들을 그대로 두었을 뿐만 아니라 일본인이 돌아간 자리에도 친일파 인물들을 더 채웠답니다. 친일파 청산이 이루어지지 못했던 것이지요.

그럼 우리 정부가 수립된 이후에는 어떻게 되었을까요?

제헌 국회에서는 민족의 바람대로 친일파 처리에 대한 내용을 헌법에 포함시켰어요. 반대 세력도 있었지만 양심적인 국회의원들의 노력으로 포함시킬 수 있었지요. 그 결과 반민족 행위 처벌법을 제정하였고 그에 따라 특별 검찰부와 특별 재판부로 구성된 반민족 행위 특별 조사 위원회(반민특위)를 설치하였답니다. 국민은 1949년 1월부터 본격적으로 시작된 반민특위의 활동에 대해 높은 관심과 지지를 보여 주었어요. 투서함에는 국민들이 적어 낸 친일파의 명단과 활동 내용이 가득했지요.

1949년 반민특위에 의해 체포된 친일파들

반민특위의 활동으로 먼저 박흥식, 최남선, 이광수, 김연수를 체포하였고 이어서 친일 경찰이었던 노덕술을 체포하였답니다. 그들은 태평양 전쟁 당시에 전쟁 비용을 납부하거나 일제의 침략 전쟁을 지지한 사람들이었지요.

　그런데 이승만 정부는 친일파 처리의 문제에 소극적이거나 심지어 반민특위에서 활동하던 사람들을 공산주의자로 몰기도 했답니다. 그것은 친일파 처리보다 **반공 정책***을 우선시하였기 때문이었지요. 이승만을 지지하던 우익 세력 중에 친일파가 많았거든요. 마침내 이승만 대통령은 1949년 6월 6일 경찰에 지시하여 반민특위 사무실을 습격하도록 했어요. 반민특위가 공산주의자들과 연결되었다는 명분이었지요. 김구 선생이 암살된 것도 그때쯤이었답니다. 친일파 처단을 주장해 온 국회의원들이나 반민특위의 양심적인 위원들은 김구 선생의 죽음으로 큰 지지 기반을 잃고 말았지요.

　7월 6일에는 1950년의 6월 20일까지였던 공소 시효를 1949년 8월 31일로 줄이는 개정법을 통과시켰답니다. 이러한 방해 속에서 결국 친일파 청산은 무산되고 말았어요. 반민족 행위로 사형 선고를 받은 사람까지도 풀려났답니다.

　반드시 청산해야 할 일을 하지 못한 그 여파가 아직까지 남아 있지요. 광복된 지 70년이 다 된 지금에 와서야 친일파들의 인명사전을 작성하고, 친일파 후손들이 국가가 거둬 간 자신들의 땅을 되찾겠다는 소송을 제기하는 등의 일들이 벌어지고 있지요. 또 교과서에서 우리가 훌륭하다고 배운 인물들 중에서 이제서야 친일파로 재평가되는 상황도 발생하고 있어요.

반공 정책
공산주의를 배척하고 반대하는 민주주의 국가들이 취하는 정책이에요.

1905년 을사조약 체결 당시 '시일야방성대곡'을 〈황성신문〉에 실은 장지연도 1910년대 신문에 올린 글이 친일적이라는 사실 때문에 친일파라는 평가를 받고 있어요.

《백범일지》를 덮으며

"탕, 탕, 탕, 탕!"

1949년 6월 26일, 김구 선생이 머물던 경교장에서 네 발의 총성이 들려왔어요. 당시 육군 장교였던 안두희가 쏜 총탄에 의해 김구 선생이 세상을 떠난 순간이었답니다. 대한민국 정부 수립 이후에도 단독 정부 수립을 비판하며 민족의 통일을 위해 노력하던 김구 선생은 정부 수립 후 1년이 채 되기도 전에 암살되었지요.

강화도 조약이 체결된 1876년에 태어난 김구 선생은 평생을 침략해 오는 외세와 맞섰고, 광복 이후에는 민족의 완전한 독립과 통일 정부를 세우기 위해 노력했답니다. 하지만 결국 그 결실을 이루지 못하고 세상을 떠나고 말았어요. 1949년 7월 5일 국민장에 참여한 수많은 사람들은 김구 선생을 잃은 슬픔과 함께 민족의 앞날에 대한 염려로 운구 행렬을 지켜보았어요. 그 염려는 김구 선생이 세상을 떠난 지 꼭 1년 뒤인 1950년 6월 25일, 남북한 간의 전쟁이라는 현실로 나타나 우리 민족에게 엄청난 피해를 남겼답니다. 6·25 한국 전쟁은 국토의 황폐화와 많은 사람의 죽음을 가져왔고 지금까지 아픔과 상처로 남아 있어요. 3년 동안의 전쟁은 멈췄지만 38도선이 철조망으로 가로막힌 휴전선으로 바뀌었을 뿐 분단의 상황은 지속되고 있지요.

　　오늘날 많은 사람들이 '만일 남북 협상이 성공했다면……', '만일 김구 선생이 초대 대통령이 되었다면……', 그리고 '만일 김구 선생이 암살되지 않았다면……' 하고 김구 선생의 죽음을 안타까워하며 김구 선생을 민족의 큰 지도자로 기억하고 있어요. 그 이유는 지금까지 우리가 알아보았듯이 평생 민족의 위기를 진심으로 염려하며, 자신의 안일보다는 민족을 구하기 위한 노력을 직접 행동으로 실천했기 때문이랍니다.

　　이제 아쉽지만 김구 선생이 세

경교장
강북 삼성 병원의 본관으로 사용되고 있으며 김구 선생은 이곳 2층 아치형 창이 있는 방에서 안두희의 총탄을 맞고 쓰러졌답니다.

상을 떠났으니 《백범일지》와 함께 해 온 근현대의 역사 여행도 여기서 멈추어야 할 듯해요. 지금까지 개항 이후 70여 년의 역사를 되돌아보았어요. 기쁨과 슬픔의 순간들, 환희와 절망의 순간들, 갈등과 화해의 순간들이 서로 교차하는 숨가쁜 역사였지요. 비록 《백범일지》 속에 기록된 모든 사건들을 이 한 권의 책에 담아내지는 못했지만 김구 선생이 겪었던 주요 사건들을 중심으로 그 당시

"나는 일찍이 우리 독립 정부의 문지기가 되기를 원하였거니와, 그것은 우리나라가 독립국만 되면 나는 그 나라의 가장 미천한 자가 되어도 좋다는 뜻이다. 왜 그런고 하면, 독립한 제 나라의 빈천이 남의 밑에 사는 부귀보다 기쁘고 영광스럽고 희망이 많기 때문이다."
- 〈나의 소원〉 중에서 -

180

의 시대를 담았어요. 이를 통해 김구 선생이 나이가 들면서 겪었던 사건들 사이의 관계, 즉 원인과 결과를 발견할 수 있기를 바라요.

지금까지 김구 선생의 삶을 통해 근현대의 역사를 돌아보았어요. 그 안에는 비록 김구 선생처럼 사람들의 관심과 밝은 조명을 받지는 못했지만 우리 민족을 위해서 희생한 수없이 많은 사람들이 있어요. 우리가 살고 있는 이 땅도 그분들의 헌신과 노력이 있었기에 지금까지 유지되어 온 것이지요.

이제는 여러분이 자라서 스스로의 자랑스러운 이야기를 '제2의 《백범일지》'로 남길 수 있도록 큰 꿈을 가슴에 담고 열정적으로 살아가기를 바랍니다.

1949년 7월 5일 김구 선생의 장례식은 국민장으로 거행되었어요.

역사의 현장 속으로

과거로 여행할 수 있는 타임머신을 타고 사건이 일어나고 있는 현장으로 가 보는 것만큼 좋은 역사 공부 방법은 없겠죠? 하지만 아쉽게도 그렇게 할 순 없지요. 그렇다면 역사적 사건이 일어났던 현장을 직접 찾아가 보는 것은 어떨까요? 책에서 읽은 역사적 사실들이 더 실감나게 다가올 거예요. 그곳에서 역사와 그 역사 속의 인물들을 만나 보세요.

추천 1코스 - 백범 김구를 만나러 가요!

김구 선생의 주요 활동 무대는 북한 지역과 중국이었어요. 우리가 쉽게 가 볼 수 있는 곳이 아니지요. 그 대신 백범기념관을 돌아본다면 김구 선생의 여러 활동들을 살펴보는 데 도움이 될 거예요. 더불어 김구 선생이 나라를 사랑한 마음도 느낄 수 있어요.

> 백범기념관이 있는 곳은 서울 효창 공원이에요. 그곳의 옛 이름은 효창원이었어요. 효창원은 5살 어린 나이에 세상을 떠난 문효 세자(정조의 맏아들)의 묘가 있던 곳이었어요. 그런데 1940년 일제가 민족 말살 정책을 추진하면서 공원법을 제정하고, 효창원을 효창 공원으로 격하시키고, 효창원은 경기도 고양시의 서삼릉으로 강제로 옮겼어요.

백범기념관
백범기념관 1층에는 어린 시절부터 국내에서의 활동을, 2층에는 상하이 임시 정부 활동, 광복 후 자주 통일 운동, 그리고 세상을 떠날 당시의 상황에 대해서 전시하고 있어요.

삼의사의 묘
삼의사란 윤봉길, 이봉창, 백정기 의사를 말하는데, 모두 이곳에 잠들어 있어요. 그 옆에는 아직 주인을 기다리는 안중근 의사의 허묘가 만들어져 있답니다.

백범 김구 묘
백범기념관을 돌아보고 이곳에서 백범 김구 선생의 정신과 만나 보아요.

효창 공원 일대

이봉창 의사의 동상
이봉창 의사가 폭탄을 투척하는 모습을 그대로 재현하여 만든 동상이에요. 동상 앞에서 같은 자세로 사진 한 장 찰칵!

 ## 개항의 역사를 만나는 청일 조계지로!

1876년 어떤 해였는지 기억하고 있나요? 김구 선생이 태어난 해이자 일본과 강화도 조약을 체결한 해였지요. 강화도 조약으로 개항한 인천(제물포)에 가면 청나라와 일본이 조계지로 사용한 지역이 있어요. 1호선 인천 역에서 내려 개항로를 따라 올라가 신포 시장을 지나면 개항의 역사를 만날 수 있지요.

청일 조계지 계단
차이나타운 끝부분에 위치한 조계지 계단이에요. 이 계단을 기준으로 왼쪽은 청나라, 오른쪽은 일본이 조계지로 사용했던 곳이에요. 그래서 지금도 왼쪽은 차이나타운이 형성되어 있고, 오른쪽은 일본식 건물이 그대로 남아 있어요.

개항 박물관
일제 강점기에 일본 제1은행으로 사용한 건물이에요. 지금은 개항 박물관으로 사용되며, 개항의 역사를 알 수 있는 자료가 전시되어 있어요.

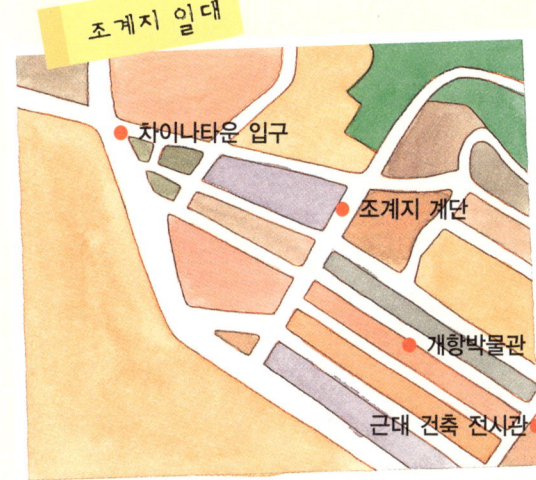

조계지 일대

차이나타운 입구
차이나타운은 개항 이후 청의 화교들이 들어와 살던 곳이었어요. 자장면의 발생지답게 중국 음식점이 많아요.

근대 건축 전시관
일제 강점기에 일본 제18은행으로 쓰인 건물이에요. 개항 당시 주요 건축물 자료가 전시되어 있어요.

추천 3코스

근현대 역사를
한눈에 돌아볼 수 있는
서울의 중심부로!

덕수궁이 있는 정동과 경복궁의 광화문 일대는 근현대사의 흔적이 많이 남아 있는 곳이에요. 특히 개항 이후 근대 문물이 본격적으로 도입되면서 외국인들과 조선인들이 함께 어울려 살던 곳이었으며 근현대 정치사의 중심 지역이었지요. 자, 그럼 근현대 역사의 숨결이 깃들어 있는 서울의 구석구석을 돌아볼까요?

근대 역사의 현장을 돌아보니 어떤 기분이 드나요?

책으로 공부하고 현장에 와서 확인하며 되새겨 보니 머릿속에 쏙쏙 들어오는 것 같아요.

새문안 교회

새문안 교회는 언더우드 선교사가 세운 교회로 교회 한 켠에 언더우드 기념관이 있답니다. 언더우드 선교사의 한국식 이름은 '원두우'예요.

서대문 형무소 역사관

광화문에서 차를 타고 약 10분쯤 가면 독립운동가들이 재판을 받은 후 갇혀 있던 서대문 형무소 역사관이 있어요. 근처에는 독립협회가 세운 독립문, 독립관도 있어요.

경교장

강북 삼성 병원 1층에는 김구 선생이 광복 후 귀국하여 숙소와 집무실로 사용하던 경교장이 있어요. 이곳에서 광복 후 4년째 되던 1949년 6월 26일에 돌아가셨지요.

> 현장을 돌아보니 근대의 역사가 바로 눈앞에서 벌어진 듯 숨결이 느껴지는 것 같아요.

경복궁
경복궁은 임진왜란 때 불탄 것을 흥선 대원군 집권기에 다시 지었지요.
이곳에서 명성 황후가 시해당한 을미사변이 일어났어요. 고종은 이듬해 아관파천을 단행하여 러시아 공사관으로 거처를 옮겼지요. 지도에서 러시아 공사관을 찾아보세요. 그리 멀지 않은 거리에 있어요.

옛 러시아 공사관
옛 러시아 공사관이 있던 곳으로 을미사변 이후 고종이 순종과 함께 거처를 옮긴 곳이에요. 바로 아관파천의 현장이지요.

덕수궁
덕수궁은 아관파천 이후 고종이 환궁하여 승하할 때까지 머물던 곳이에요. 특히 새로 지은 석조전에서는 광복 후 미소 공동 위원회가 열렸었답니다.

황궁우
고종은 러시아 공사관에서 덕수궁으로 돌아온 이후 대한 제국을 선포하였어요. 그때 황제 즉위식을 거행하고 하늘에 제사를 지낸 곳이에요. 지금은 신위를 모신 황궁우만 남아 있답니다.

사진 자료 제공 및 출처

문화재청
p15 《존숭도감의궤》

국가문화유산포털
p17 척화비

한국관광공사
p40 고부 관아 터, p41 동학 혁명 백산 창의비, p47 우금치 전적지, p72 공주 마곡사

동학농민혁명기념관
p41 사발통문 p44 장태

신문박물관
p65 한성순보

도산안창호기념관
p94 대성학교

중앙멀티미디어백과 '97
p98 대한매일신보

정보통신부
p97 국채 보상 운동 100주년 기념 우표

한국홍보사진
p118 독립선언서

독립기념관
p82 황성신문 – 시일야방성대곡, p97 대한매일신보 – 국채 보상 운동 기사

여주군史
p59 러시아 공사관에 있는 고종

관광지식정보시스템
p104 황현

조선일보
p14 의궤 반환 기사, p80 을사조약 조약문

규장각 한국학 연구원
p15 《정조국장도감의궤》

윤해주
p22 초지진 p23 초지진 성벽 p29 우정국 전경 p59 옛 러시아 공사관 건물 p109 서대문 형무소 역사관

미디어 가온
p64 독립신문 창간호 p66 1896년 7월 7일자 독립신문 p72 1898년 2월 15일자 독립신문
p98 황성신문 p99 제국신문 p122 동아일보

신돌석 장군 유적지 기념관
p108 용수

3·1 운동 순국 기념관
p119 제암리 학살 당시 마을 모습

윤봉길 의사 기념사업회
p131 윤봉길 p132 폭탄 모형

백범기념관
p131 김구 시계와 윤봉길 시계 p135 한국광복군 기념사진 p168 38선에 선 김구 p169 김구의 남북 협상 서신

동아일보
p137 손기정 기사 p156 신탁통치 기사

국가 기록물 보존소
p175 대한민국 정부 수립 기념식

국립민속박물관
p172 5·10 총선거 포스터

올포스트
p84 한일 합방 청원서

YTN
p162 모스크바 3국 외상 회의, p163 제2차 미소 공동 위원회

오마이뉴스
p163 여운형 암살

자주민보
p163 유엔 총회

* 이 책에 실린 사진들은 해당 사진을 소장하고 있는 곳과 저작권자의 허락을 받아 실었습니다. 저작권을 확인하지 못한 일부 사진들은 저작권이 확인되는 대로 허락을 얻어 게재하겠습니다. 누락되거나 착오가 있는 부분은 다음 쇄를 찍을 때 수정하겠습니다.

백범일지로 술술 읽어 보는 **우리 근현대사**

1판 1쇄 발행 2011년 11월 10일
1판 2쇄 발행 2013년 4월 25일

글 김효중   그림 구서보

펴낸곳 도서출판 그린북
펴낸이 윤상열
기획 및 편집 윤인숙 김사랑
표지 및 본문 디자인 최미순
경영관리 박은성
출판등록 1995년 1월 4일(제10-1086호)
주소 서울 마포구 망원동 471-18 두영빌딩 302호
전화 02-323-8030~1 팩스 02-323-8797
카페 cafe.naver.com/greenbookpub
이메일 gbook01@naver.com

ⓒ 김효중 2011/구서보 2011
이 책의 저작권은 저자와 출판사에 있습니다.
서면에 의한 저자와 출판사의 허락없이 내용의 일부를 인용하거나 발췌하는 것을 금합니다.

ISBN 978-89-5588-230-8 74900
ISBN 978-89-5588-220-9 (세트)

*파손된 책은 구입하신 곳에서 바꾸어 드립니다.
*이 책의 국립중앙도서관 출판도서목록(CIP)은 e-CIP홈페이지(http://www.nl.go.kr/ecip)에서 이용할 수 있습니다.(CIP제어번호 : 2011004459)